COCINA
en un abrir y cerrar
DE LATAS

CHOLY BERRETEAGA

COCINA
en un abrir y cerrar
DE LATAS

Cocina fácil con productos envasados

EDITORIAL ATLANTIDA
BUENOS AIRES • MEXICO

Dirección y coordinación editorial: **Marisa Tonezzer**

Corrección: **Marisa Corgatelli**

Tipeo de originales: **Paulina Maldonado**

Producción fotográfica: **Graciela Boldarin**

Interpretación de las recetas: **Romina Miranda**

Fotografías: **Alfredo Willimburgh**

Diseño de interior: **Claudia Bertucelli**

Diseño de tapa: **Pablo J. Rey**

Ilustraciones: **Maitena**

Producción industrial: **Fernando Diz**

Composición: **Panorama**

Preimpresión: **ERCO S.R.L.**

Agradecimientos:

Ariete

Bazar La Luna

Básicos

Charme

Drugstore

La Compañía

I.S.B.N. 950-08-1768-3

$\mathcal{P}$alabras de la autora

Muchas veces, al hacer las compras y revisar las góndolas en el supermercado, he comprobado cuántas posibilidades brinda la industria alimentaria para ayudar a la mujer de hoy en la tarea de cocinar para su familia.

Seleccionando con acierto los productos envasados, y con un toque de imaginación, usted podrá en pocos minutos preparar platos deliciosos con su sello personal.

Ésa es la meta que me propuse alcanzar al escribir este libro. Espero haberla conseguido.

Agradezco a Editorial Atlántida y a Ernesto Sandler su permanente respaldo.

Choly Berreteaga

*L*os diez consejos básicos para comprar y mantener productos envasados

❶ Trate en lo posible de llevar un listado de las compras necesarias y limitarse a esa lista, para no desestabilizar su presupuesto.

❷ Si encuentra una lata oxidada, con la etiqueta manchada, algo golpeada o hinchada, descártela.

❸ Es muy importante fijarse siempre en la fecha de vencimiento de todos los productos envasados que vaya a comprar.

❹ Si algún producto congelado no está herméticamente cerrado, no lo lleve. Seguramente el frío ha malogrado el producto.

❺ Si va a comprar congelados en época de verano, es conveniente llevar una conservadora de telgopor o bolsas especiales para ese uso. De esa manera se evita el riesgo de que los productos no lleguen en perfecto estado a su heladera o *freezer.*

❻ No almacene en época estival demasiadas legumbres secas, harina de maíz, sémola o harinas integrales, porque el calor las fermenta.

❼ Si al abrir una lata no utiliza todo su contenido, sáquelo del envase y guárdelo en la heladera dentro de un frasco con tapa.

❽ Si descongela un alimento, no puede volverlo al *freezer* en el mismo estado. Sólo puede volver a congelarlo después de cocido.

❾ Si abre una bolsa de congelados y no utiliza todo su contenido, debe colocar el sobrante en otra bolsa o recipiente para *freezer* que tenga cierre hermético.

❿ Los "prelistos" envasados al vacío pueden almacenarse en la alacena durante un tiempo prolongado; no obstante, revise la fecha de vencimiento.

$\mathcal{P}$ara recibir en un abrir y cerrar de latas

Acomode los platos apilados, las servilletas y cubiertos sobre el aparador. Disponga las copas y bebidas en una mesita auxiliar.

Arme sobre la mesa las fuentes con los alimentos trozados; elija carnes trinchadas, fiambres, ensaladas, salsas, para que cada comensal pueda prepararse su propio sandwich. Disponga cestos con diferentes panes: saborizados, integrales, lácteos.

Como plato caliente resultan prácticas las cazuelas, que pueden comerse sin utilizar cuchillos. Las sopas 5 tenedores constituyen otra opción. Los sobres de sopa crema son un recurso valedero; con un poco de imaginación se consiguen verdaderas exquisiteces: una crema de hongos enriquecida con champiñones y profiteroles, o una crema de cebolla con aros de cebolla cocidos en manteca.

Cada comensal puede también preparar su postre. Coloque una pila de *crêpes,* una jarrita con *charlotte,* helado, boles con crema chantillí, merenguitos, dulce de leche o algún dulce ácido, frambuesas, frutillas, etc.

La despensa de la mujer sin tiempo

Una lista de productos de larga duración, para guardar en lugar accesible, fresco y seco. Lo ideal es una alacena donde no llegue el calor de la cocina y del horno, en lo posible con puertas que protejan a ciertos productos —como los frascos— de la acción de la luz.

LOS BÁSICOS
Arroz
Aceite
Sal (fina y gruesa)
Azúcar
Harina leudante
Pan rallado
Té
Café
Bebidas (vino, cerveza, gaseosas, jugos envasados, etc.)

Arvejas, chauchas y otros vegetales
Champiñones
Lentejas, garbanzos y otras legumbres
Choclo (cremoso y en grano)
Papas (papines)
Jardineras de verduras
Jardineras de frutas
Frutas en almíbar (duraznos, peras, etc.)
Leche condensada

LATAS
Salsas de tomate (pomarola, salsa para pizza, etc.)
Caballa
Atún
Sardinas
Otros pescados y mariscos
Patés

FRASCOS
Mermeladas
Cerezas y frutillas en almíbar
Corazones de alcauciles
Aceitunas
Anchoas
Pickles
Mayonesa

Mostaza
Salsa ketchup
Coberturas para postres y
    tortas
Licores, coñac, vinos para
    postre

PAQUETES
Fideos de todo tipo
Pastas rellenas deshidratadas
Arroz de cocción rápida
Polenta
Purés de papas, zapallo, etc.,
    en copos

Risottos
Gelatinas
Postres y flanes en polvo
Leche de larga vida
Cacao en polvo
Sopas en sobres
Bizcochuelos en polvo

OTROS
Especias de todas clases
Caldos en cubos
Ajo y cebolla en polvo
Verduras deshidratadas

La heladera de la mujer sin tiempo

Tapas para empanadas y
    pascualinas
Margarina o manteca
Huevos
Salchichas
Carnes
Pescados
Hamburguesas
Fiambres
Pan lactal
Pizza precocida
Frutas

Verduras (las verduras y
    ensaladas precortadas son
    muy prácticas)
Lácteos (leche, quesos, yogur,
    ricota, mozzarella)

FREEZER
Productos congelados (hay
    gran variedad en los
    supermercados:
    canelones, pizzas,
    empanadas, vegetales, etc.)
Helados

*E*quivalencias de términos

Las mismas cosas pueden llamarse de diferente manera en los países de habla hispana, por eso consideramos de gran utilidad incluir en este libro la siguiente lista.

Aceitunas: *oliva*
Ajíes: *pimientos*
Albahaca: *alfábega*
Alcaucil: *alcachofa*
Ananás: *abacaxi*
Anchoa: *boquerón*
Arveja: *guisante*
Atún: *bonito*
Bacalao: *abadejo*
Banana: *plátano*
Batata: *camote*
Comino: *kummel*
Crema de leche: *nata*

Chauchas: *judías verdes*
Damasco: *albaricoque*
Durazno: *melocotón*
Frutilla: *fresa*
Garbanzo: *chícharo*
Palta: *aguacate*
Papa: *patata*
Queso blanco: *requesón*
Remolacha: *betarraga*
Tomate: *fitomate*
Zanahoria: *azanahoria*
Zapallo: *calabaza*
Zapallito: *calabacín*

Entradas frías y calientes

Si usted tiene **1 paquete de tapas de empanadas para copetín**
paté al roquefort

Alfajorcitos de roquefort y nuez

PORCIONES
8

PREPARACIÓN
10 minutos

COCCIÓN
8 minutos

INGREDIENTES

Tapas de empanadas
para copetín, *1 paquete*
Paté de roquefort, *1 lata*
Mayonesa, *3 cucharadas*
Blanco de apio cortado
muy fino, *4 cucharadas*
Nueces picadas,
3 cucharadas
Coñac, *1 cucharada*

Separar las tapas y pincharlas ligeramente, cocinarlas en horno caliente hasta que estén doradas. Mezclar el paté con la mayonesa, el apio, las nueces y el coñac. Distribuir el relleno sobre los discos de masa y armar los alfajores superponiendo de a 3 tapas. Decorar con un copete de mayonesa y 1/2 nuez o aceitunas negras o un medallón de morrón.

Nota: SE PUEDE PREPARAR UN ALFAJOR GRANDE UTILIZANDO 2 PAQUETES DE TAPAS DE PASCUALINA (4 DISCOS DE MASA).

Para completar el menú: POLLO A LA NARANJA (pág. 156) y BUDÍN DE BATATA (pág. 260).

Si usted tiene **1 lata de atún**
1 lata de morrones en aceite
1 frasco de champiñones

Antipasto express

 PORCIONES
6 a 8

 PREPARACIÓN
8 minutos

 COCCIÓN
no hay

INGREDIENTES

Lechuga, *1 planta*
Atún en aceite, *1 lata*
Mozzarella, *150 g*
Anchoas, *6 a 8*
Morrones, *1 lata*
Tomates, *2*
Champiñones,
1 frasco chico
Jamón crudo, *100 g*
Jamón cocido, *100 g*
Huevos duros, *2*
Aceitunas negras
y verdes, *100 g*
Aceite de oliva, sal
y pimienta, *a gusto*

Tapizar una fuente con las hojas de lechuga, colocar en el centro el atún, alrededor la mozzarella cortada en rodajas. Encima, distribuir las anchoas, agregar sobre el atún los morrones cortados en tiras alternando con los tomates cortados en casquitos y los champiñones. Disponer el jamón formando cartuchos y por último los huevos cortados en cuartos y las aceitunas, rociar con aceite, poca sal y pimienta.

Variantes: EN EL ANTIPASTO SE PUEDEN VARIAR LOS ELEMENTOS, POR EJEMPLO: AGREGAR RECTÁNGULOS DE QUESO DURO, CARTUCHOS DE SALAME, ESFERAS DE RICOTA CONDIMENTADA CON SAL, PIMIENTA, MOSTAZA, AJO Y PEREJIL, ETC.

Para completar el menú: PIZZETAS (págs. 239/41) y ENSALADA DE CÍTRICOS (pág. 267).

Si usted tiene **1 pionono**
1 lata de atún
1 lata de salsa *vitel thonné*

*A*rrollado con salsa de vitel thonné

PORCIONES
6

PREPARACIÓN
8 minutos

COCCIÓN
no hay

INGREDIENTES

Pionono, *1*
Atún, *1 lata*
Ricota, *200 g*
Mayonesa, *2 cucharadas*
Perejil picado, *2 cucharadas*
Tomate, *1*
Salsa vitel, *1 lata*
Alcaparras (optativo), *3 cucharadas*

Extender el pionono. Mezclar el atún con la ricota, la mayonesa, el perejil, el tomate sin las semillas y cortado en cubitos. Colocar sobre el pionono y arrollarlo nuevamente, cubrirlo con la salsa vitel y salpicarlo con las alcaparras.

Variante: PUEDE REEMPLAZAR LA SALSA VITEL POR MAYONESA MEZCLADA CON JUGO DE LIMÓN, 1 CUCHARADA DE VERMUT Y LAS ALCAPARRAS O HUEVO DURO PICADO Y ACEITUNAS NEGRAS FILETEADAS.

Para completar el menú: PASTEL DE ARROZ Y POLLO A LA PORTUGUESA (pág. 192) y ENSALADA DE FRUTAS.

Si usted tiene **1 lata de caballa**
1 caja de puré en copos

*A*rrollado de pescado

 PORCIONES
5

 PREPARACIÓN
12 minutos

 COCCIÓN
4 minutos

INGREDIENTES

Caballa, *1 lata*

Puré en copos, *1 caja*

Mayonesa, *5 cucharadas*

Perejil picado,
3 cucharadas

Aceitunas negras, *100 g*

Desmenuzar la caballa. Preparar el puré siguiendo las indicaciones del envase pero con 700 cc de agua; dejarlo entibiar y mezclar con 2 cucharadas de mayonesa y 2 cucharadas de perejil. Extender sobre un papel metalizado aceitado formando un rectángulo.

Mezclar la caballa con el resto de mayonesa y perejil, distribuir sobre el puré y salpicar con las aceitunas descarozadas. Arrollar con ayuda del papel y llevar a heladera por lo menos 2 horas. Servir el arrollado sobre un lecho de hojas de berro.

Variante: *RELLENAR EL ARROLLADO CON 1 TAZA DE POLLO COCIDO PICADO, 100 G DE JAMÓN COCIDO Y 2 HUEVOS DUROS PICADOS.*

Para completar el menú: *CRÊPES DE ESPÁRRAGOS Y JAMÓN AL CURRY (pág. 203) y COPAS DE CREMA ROSADA (pág. 264).*

*B*occoncini de *Parma*

PORCIONES
5

PREPARACIÓN
15 minutos

COCCIÓN
10 minutos

INGREDIENTES

Crêpes, 1 paquete
(12 crêpes)
Ricota, *400 g*
Yemas, *2*
Queso parmesano rallado,
6 cucharadas
Espinaca congelada,
2 tazas
Sal, pimienta y nuez
moscada, *a gusto*
Manteca, *50 g*

Separar los *crêpes*. Mezclar la ricota con las yemas, 4 cucharadas de queso rallado y la espinaca bien exprimida, picada y salteada con la mitad de la manteca, condimentar con sal, pimienta y nuez moscada.

Distribuir sobre los *crêpes* y arrollarlos, cortarlos en porciones de 5 a 6 cm. Acomodarlos bien juntos, con el corte hacia arriba, en una fuente térmica enmantecada. Rociar con el resto de manteca, espolvorear con las 2 cucharadas de queso restantes y gratinar en horno caliente.

Variante: RELLENAR LOS CRÊPES CON UNA MEZCLA DE RICOTA, YEMAS, QUESO Y ATÚN DESMENUZADO.

Para completar el menú: PAVO CON MOUSSE DE ESPÁRRAGOS (pág. 149) y DON PEDRO (HELADO CON WHISKY) (pág. 286).

Si usted tiene **1 paquete de salchichas**

$\boldsymbol{B}$udín Bavaria con salchichas

 PORCIONES
6

 PREPARACIÓN
15 minutos

 COCCIÓN
25 a 30 minutos

INGREDIENTES

Salchichas,
1 paquete grande
Huevos, 3
Cebolla rallada,
3 cucharadas
Harina leudante, *150 g*
Aceite, *4 cucharadas*
Cerveza o leche, *200 cc*
Sal y pimienta, *a gusto*

Cortar las salchichas en rodajas, tapizar con parte de ellas un molde rectangular aceitado. Separar las yemas de las claras. Mezclar las yemas con la cebolla rallada, incorporar la harina por cucharadas alternando con el aceite y la cerveza o leche, agregar el resto de salchichas picadas. Condimentar con sal y pimienta, incorporar las claras batidas a nieve, colocar en el molde y cocinar en horno moderado 25 a 30 minutos, desmoldar y servir frío, cubierto con una salsa mayonesa, o caliente, con una salsa de tomate natural.

Variante: SI LO DESEA, PUEDE REEMPLAZAR LAS SALCHICHAS POR 150 G DE JAMÓN COCIDO.

Para completar el menú: GRATÍN DE CHAUCHAS (pág. 207) y ENSALADA DE CÍTRICOS (pág. 267).

Si usted tiene **2 paltas
1 lata de atún**

C óctel mediterráneo

 PORCIONES
4

 PREPARACIÓN
12 minutos

 COCCIÓN
no hay

INGREDIENTES

Lechuga crespa, *1 planta*
Atún en aceite, *1 lata*
Zanahoria rallada, *1 taza*
Paltas, *2*
Limón, *1*
Mayonesa, *4 cucharadas*
Jerez, *1 cucharada*
Camarones o langostinos
(optativo, para decorar)
Almendras tostadas,
4 cucharadas

Lavar las hojas de lechuga y tapizar copas o pomeleras. Mezclar el atún con la zanahoria y la pulpa de 1 palta cortada en cubitos y rociada con jugo de limón, condimentar con mayonesa y jerez y colocar en las copas. Cortar la pulpa de la otra palta en rodajas, rociarlas con jugo de limón y acomodarlas en las copas. Terminar de decorar con un copete de mayonesa y, si lo desea, algunos camarones o 1 langostino; espolvorear con almendras.

Variantes: SE PUEDE REMPLAZAR EL ATÚN POR CINTITAS DE KANIKAMA Y AUMENTAR LAS COPAS AGREGANDO PAPINES EN LATA CORTADOS EN RODAJITAS.

Para completar el menú: ESCALOPES CON JAMÓN A LA CREMA DE AZAFRÁN (pág. 122) y DURAZNOS RELLENOS MERENGADOS (pág. 266).

Si usted tiene **1 lata de puré de espinaca**

Crêpes *a la crema de espinaca*

 PORCIONES
5

 PREPARACIÓN
8 minutos

 COCCIÓN
8 minutos

INGREDIENTES

Crêpes, 1 paquete

Puré de espinaca, 1 lata

Choclo cremoso, 1 lata

Jamón cocido picado, 50 g

Huevos duros picados, 2

Salsa:

Crema de leche, 200 g

Sal, pimienta y nuez moscada, *a gusto*

Queso gruyere rallado, *cantidad necesaria*

Separar los *crêpes*. Mezclar el puré de espinacas junto con el choclo, el jamón y los huevos, rellenar los *crêpes* y acomodarlos en una fuente para horno. Cubrirlos con la crema de leche condimentada con sal, pimienta, nuez moscada y queso gruyere rallado. Gratinarlos en horno moderado.

Nota: *LOS* CRÊPES *SE PUEDEN RELLENAR UTILIZANDO DIFERENTES PURÉS: DE REMOLACHA, APIO, MORRONES, ETC.*

Para completar el menú: *POLLO A LA AMERICANA (pág. 154) y FRUTA.*

Si usted tiene **1 lata de morrones**

*E*mparedados de morrones a la albahaca

 PORCIONES
6

 PREPARACIÓN
10 minutos

 COCCIÓN
10 minutos

INGREDIENTES

Morrones, *1 lata*
Mozzarella en un trozo,
200 g
Albahaca, *2 cucharadas*
Harina, *3 cucharadas*
Huevos, *2*
Pan rallado, *2 tazas*
Aceite, *para freír*
Sal y pimienta, *a gusto*

Escurrir los morrones y secarlos con papel de cocina. Cortar la mozzarella en rodajas no muy finas, introducirlas dentro de los morrones, salpicar el interior con las hojas de albahaca trozadas. Pasar los morrones por la harina, luego por los huevos batidos, condimentados con sal y pimienta, y por último por pan rallado, ajustar bien y cocinar en una fritura más bien caliente hasta dorarlos, escurrirlos sobre papel y servirlos calientes, acompañados de una ensalada de hojas verdes.

Nota: *SI QUIERE EVITAR LA FRITURA, COCÍNELOS EN HORNO CALIENTE ROCIADOS CON HILOS DE ACEITE.*

Para completar el menú: *MONDONGO A LA ANDALUZA (pág. 128), y FRUTA.*

Si usted tiene **1 paquete de pascualina rectangular**

*E*spirales sabrosas

 PORCIONES
12

 PREPARACIÓN
15 minutos

 COCCIÓN
10 minutos

INGREDIENTES

Tapas de pascualina
rectangular, *1 paquete*
Huevos, *2*
Mostaza, *1/2 cucharada*
Queso rallado, *1 taza*
Jamón cocido, *150 g*
Aceitunas verdes, *50 g*
Harina, *2 cucharadas*
Aceite, *para freír*

Separar las tapas de masa. Batir ligeramente un huevo con la mostaza, pincelar las tapas, espolvorearlas con el queso, el jamón picado y las aceitunas picadas. Arrollar las masas bien ajustadas, llevarlas a la heladera por lo menos 20 minutos. Cortarlas luego en porciones de 3 a 4 cm de espesor, pasar las partes cortadas por la harina y sumergir las espirales en el resto de huevo con mostaza, al que habremos añadido el otro huevo. Freírlas por último en aceite no muy caliente.

Variante: *DESPUÉS DE CORTADAS, ACOMODARLAS SOBRE PLACA ENMANTECADA, PINCELARLAS CON HUEVO, ESPOLVOREAR CON AZÚCAR SI SE DESEA Y COCINAR EN HORNO MODERADO HASTA QUE ESTÉN DORADAS. SERVIR CALIENTES.*

Para completar el menú: *MEDALLONES DE PESCADO A LA CREMA DE ROQUEFORT (pág. 92) y FLAN DE CAFÉ (pág. 269).*

Flancitos de atún

PORCIONES
4 a 5

PREPARACIÓN
10 minutos

COCCIÓN
35 a 40 minutos

INGREDIENTES

Atún en aceite, *1 lata*
Crema de leche, *100 g*
Huevos, *5*
Arvejas cocidas, *1 taza*
Perejil y salvia,
2 cucharadas
Sal y pimienta, *a gusto*

Desmenuzar el atún, mezclar con la crema, los huevos, las arvejas, el perejil y salvia, condimentar con sal y pimienta. Distribuir en 4 o 5 moldes individuales enmantecados y espolvoreados con pan rallado. Cocinar a baño de María 35 a 40 minutos. Dejar pasar el calor fuerte y desmoldar sobre una salsa natural de tomate.

Variante: SE PUEDE REEMPLAZAR EL ATÚN POR 1 LATA DE CHAMPIÑÓN O 1 LATA DE CHOCLO.

Para completar el menú: PIZZA FLORENTINA (pág. 237) y QUESO CON JALEA DE UVAS.

Si usted tiene **1 lata de ananá**
lomito ahumado
mozzarella

*M*edallones merengados de jamón y ananá

 PORCIONES
4

 PREPARACIÓN
10 minutos

 COCCIÓN
10 a 12 minutos

INGREDIENTES

Ananá en almíbar, *1 lata*
Mozzarella, *1 bocha*
Jamón cocido, *8 rodajas*
Claras, *3*
Azúcar, *3 cucharadas*

Escurrir el ananá, colocar las rodajas en una fuente para horno, acomodar encima las rodajas de mozzarella y de jamón. Batir las claras hasta que estén espumosas, agregar el azúcar en forma de lluvia y seguir batiendo hasta obtener un merengue firme, distribuirlo sobre los medallones y gratinar en horno caliente hasta dorar. Servir tibios, dos medallones por comensal. Pueden acompañarse con una salsa preparada con el almíbar del ananá.

Salsa: COCINAR EL ALMÍBAR CON 1 CUBO DE CALDO DE CARNE, 1 CUCHARADITA DE SALSA KETCHUP Y 1/2 CUCHARADA DE FÉCULA DE MAÍZ.

Para completar el menú: PASTEL VIENÉS (pág. 133) y MASITAS CON CREMA DE CHOCOLATE (pág. 274).

Si usted tiene **mozzarella**
pan rallado

$\mathcal{M}$ozzarella in carrozza

 PORCIONES
6

 PREPARACIÓN
12 minutos

 COCCIÓN
10 minutos

INGREDIENTES

Mozzarella, 2
Harina, *2 cucharadas*
Huevos, 2
Pan rallado, *2 tazas*
Aceite, *para freír*
Anchoas (optativo),
cantidad necesaria

Cortar la mozzarella en rodajas de 2 a 3 cm de espesor, pasarlas por harina, luego por huevo batido y por último por pan rallado. Freír en aceite caliente y servirlas, si se desea, con un trocito de anchoa sobre cada mozzarella. Acompañar con ensalada de hojas y tomate *concassé*.

Nota: *UTILIZAR PARA ESTE PLATO MOZZARELLA CON FIBRA BIEN CONSISTENTE. FREÍR EN ACEITE BIEN CALIENTE Y SERVIRLAS EN EL MOMENTO.*

Para completar el menú: SPAGHETTI ALLA CARBONARA *(pág. 180)* y MOUSSE *DE LIMÓN (pág. 278).*

Si usted tiene **1 lata de palmitos
jamón cocido**

Palmitos con salsa de frutas

 PORCIONES
5

 PREPARACIÓN
8 minutos

 COCCIÓN
20 minutos

INGREDIENTES

Palmitos, *1 lata*
Jamón cocido, *100 g*
Clavos de olor, *cantidad
necesaria*
Naranjas, *2*
Manzanas, *2*
Cubo de caldo, *1*
Mostaza, *1 cucharadita*
Salsa ketchup, *1/2
cucharadita*

Envolver cada palmito con jamón, pinchar cada uno de ellos con los clavitos de olor. Colocar en una fuente para horno el jugo de las naranjas, las manzanas peladas y cortadas en rodajitas finas o en cubitos. Agregar el cubo de caldo diluido en una taza de agua con la mostaza y la salsa ketchup, cocinar 10 minutos en horno moderado, acomodar encima los palmitos y cocinar 10 minutos más.

Nota: SE PUEDE ENRIQUECER LA SALSA AGREGANDO A LAS MANZANAS 2 TAZAS DE UVAS SIN LAS SEMILLAS.

Para completar el menú: LOMO EN CROÛTE (pág. 127) y SAINT HONORET (pág. 289).

Si usted tiene **2 paltas**
150 g de queso roquefort

$\mathcal{P}$altas a la crema de roquefort

 PORCIONES
4

 PREPARACIÓN
12 minutos

 COCCIÓN
no hay

INGREDIENTES

Paltas, 2
Jugo de limón, *1/2 vaso*
Coñac, *3 cucharadas*
Roquefort, *150 g*
Blanco de apio, *1/2 taza*
Mayonesa, *3 cucharadas*
Salsa ketchup, *1/2 cucharada*
Nueces picadas, *100 g*

Abrir las paltas por la mitad, sacar el carozo y retirar la pulpa sin romper las cáscaras. Pisar la pulpa o procesarla con el jugo de limón, el coñac y el roquefort, mezclar con el apio, la mayonesa, la salsa ketchup y la mitad de las nueces. Rellenar nuevamente las paltas y cubrir con el resto de nueces, servir bien frío.

Variantes: *SI NO LE AGRADA EL QUESO ROQUEFORT, UTILICE QUESO TIPO FUNDIDO SABOR FONTINA O CHEDDAR PROCESADO JUNTO A LA PULPA DE LA PALTA.*

Para completar el menú: *POLLO A LA PROVENZAL CON ALBAHACA (pág. 157) y DURAZNOS RELLENOS MERENGADOS (pág. 266).*

Si usted tiene **2 latas de paté de** *foie*

𝓟até de campaña

PORCIONES
6

PREPARACIÓN
12 minutos

COCCIÓN
8 minutos

INGREDIENTES

Hígados de pollo, *250g*
Cebolla, *1*
Apio, *2 tronquitos*
Sal, pimienta y salvia,
a gusto
Paté de *foie*, *2 latas*
Gelatina sin sabor, *7 g*
Crema de leche, *100 g*

Cocinar los hígados de pollo en agua junto con la cebolla, el apio, sal, pimienta y salvia. Cuando todo está tierno, escurrir y pasar por la procesadora junto con el paté. Diluir la gelatina con 1 taza del agua de cocción de los hígados. Colocar sobre fuego revolviendo hasta que rompa el hervor, verter sobre la preparación y agregar la crema, mezclar bien y rectificar el sabor con sal y pimienta. Colocar en un molde humedecido con agua, dejar solidificar en heladera, desmoldar y acompañar con una ensalada de apio, manzanas y nueces.

Variante: ESTE PATÉ SE PUEDE PREPARAR SUPLANTANDO LOS HÍGADOS DE POLLO POR 350 G DE HÍGADO DE TERNERA.

Para completar el menú: TIRABUZONES ALLA ROMAGNOLA *(pág. 184)* y MACEDONIA DE FRUTAS CON HELADO.

Si usted tiene **1 lata de peras en almíbar**

$\mathcal{P}$eras fiambre

 PORCIONES
6

 PREPARACIÓN
10 minutos

 COCCIÓN
no hay

INGREDIENTES

Peras, *1 lata*
Limón, *1*
Jamón cocido, *150 g*
Queso blanco, *100 g*
Mayonesa, *4 cucharadas*
Mostaza, *1/2 cucharada*
Nueces picadas, *50 g*

Escurrir las peras del almíbar y rociarlas con el jugo de limón. Mezclar el jamón picado con el queso, la mayonesa y la mostaza. Distribuir dentro del hueco de las peras, espolvorear con las nueces y servir sobre hojas de lechuga.

Variante: ESTE RELLENO SE PUEDE UTILIZAR CON OTRAS FRUTAS DE LATA, POR EJEMPLO DISCOS DE ANANÁ.

Para completar el menú: TRUCHA CON SALSA DE ALCAPARRAS (pág. 103) y FLAN A LA NUEZ (pág. 268).

Si usted tiene **1 lata de palmitos**
1 melón

$\mathscr{P}$erlas de melón con palmitos

 PORCIONES
5 a 6

 PREPARACIÓN
20 minutos

 COCCIÓN
no hay

INGREDIENTES

Melón chico, *1*
Jerez, *1/2 vaso*
Jamón cocido o crudo,
150g
Palmitos, *1 lata*
Mayonesa, *3 cucharadas*
Salsa inglesa, *1 cucharada*
Jugo de limón,
2 cucharadas

Cortar una tapita al melón, desechar las semillas y las fibras. Retirar la pulpa con el aparato de papas *noisette* formando esferitas, rociarlas con el jerez y mezclar con el jamón cortado en juliana fina y los palmitos en rodajas. Aparte, batir la mayonesa con la salsa inglesa y el jugo de limón; verter sobre la preparación, mezclar y colocar nuevamente dentro del melón. Servir bien frío.

Variante: SE PUEDE CORTAR LA PULPA DEL MELÓN EN CUBOS Y AGREGAR A LA PREPARACIÓN 150 G DE CAMARONES PELADOS O 1 LATA DE ATÚN AL NATURAL ESCURRIDO Y SERVIRLO EN COPAS O POMELERAS EN VEZ DE LA CÁSCARA DE MELÓN.

Para completar el menú: SPAGHETTI ALLA CARBONARA *(pág. 180)* y PORCIONES AL LIMÓN *(pág. 282).*

Si usted tiene **2 provoletas**
morrones en aceite
salsa pomarola

$\mathscr{P}$rovoletas Paulina

 PORCIONES
2

 PREPARACIÓN
8 minutos

 COCCIÓN
10 minutos

INGREDIENTES

Provoletas, 2

Jamón cocido, 2 *tajadas*

Morrones, 2

Salsa pomarola,
4 cucharadas

Orégano y ají molido,
a gusto

Triángulos de pan tostado,
8

Acomodar las provoletas en una fuente para horno untada con aceite, colocarlas en el horno 10 minutos y darlas vuelta. Cubrirlas con el jamón, la salsa pomarola y los morrones cortados en tiras, espolvorear con orégano y ají molido, proseguir la cocción 8 a 10 minutos más. Servir las provoletas rodeadas de los triángulos de pan tostados.

Nota: *SI UTILIZA PROVOLETAS CON HIERBAS SUSPENDA EL ORÉGANO Y EL AJÍ MOLIDO.*

Para completar el menú: *ESCALOPES RELLENOS (pág. 123) y FRUTA FRESCA.*

Si usted tiene **1 pionono**
1 caja de puré en copos
1 lata de paté

Prusianos

 PORCIONES
8

 PREPARACIÓN
12 minutos

 COCCIÓN
no hay

INGREDIENTES

Pionono, *1*
Puré en copos, *1 caja*
Paté de *foie* con
champiñón, *1 lata*
Ají rojo y verde,
4 cucharadas
Mayonesa, *3 cucharadas*
Nueces picadas,
3 cucharadas

Cortar el pionono a lo largo en dos rectángulos, uno de ellos 6 a 8 cm más ancho que el otro. Preparar el puré siguiendo las indicaciones del envase pero con 1 taza menos de agua, dejar entibiar y mezclar con el paté, los ajíes picados algo gruesos, la mayonesa y las nueces. Colocar la preparación a lo largo de la tira más larga de pionono formando un cilindro grueso, acomodar encima la otra parte del pionono, ajustar ligeramente y llevar a la heladera. Cuando esté frío, cortarlo en porciones y salsearlo con mayonesa o una salsa de champiñones.

Salsa de champiñones: *MEZCLAR 250 CC DE LECHE CON 3 o 4 CUCHARADAS DE SOPA CREMA DE HONGOS, COCINAR REVOLVIENDO HASTA QUE ROMPA EL HERVOR. MEZCLAR CON 1/2 VASO DE VINO TINTO Y DEJAR QUE HIERVA UNOS SEGUNDOS, RETIRAR DEL FUEGO Y AGREGAR 3 CUCHARADAS DE MAYONESA, DEJAR ENTIBIAR Y SALSEAR LOS PRUSIANOS.*

Para completar el menú: *HAMBURGUESAS A LA AMERICANA (pág. 125) y FRUTA FRESCA.*

Si usted tiene **4 bananas
jamón cocido
clavos de olor**

Rollos bahianos

 PORCIONES
4

 PREPARACIÓN
8 minutos

 COCCIÓN
15 minutos

INGREDIENTES

Bananas, *4*
Mostaza, *1 cucharada*
Jamón cocido, *4 rodajas*
Clavos de olor, *8*
Limón, *1*
Naranjas, *3*
Ketchup, *1/2 cucharada*
Cubo de caldo, *1*

Untar las bananas con la mostaza, envolverlas en el jamón, pinchar sobre cada una de ellas los clavos de olor, rociar con el jugo de limón mezclado con el jugo de las naranjas y la salsa ketchup, cocinar en horno moderado 15 minutos. Escurrir el fondo de cocción, agregar el cubo de caldo y 1 cucharadita de fécula diluida en 1/2 vaso de agua, cocinar revolviendo hasta formar una salsa. Servir las bananitas tibias cubiertas con la salsa.

Variantes: SE PUEDE SUPLANTAR EL JAMÓN POR PANCETA AHUMADA. EN EL MOMENTO DE LA COCCIÓN TAMBIÉN SE PUEDEN AGREGAR FRUTAS: UVAS, CUBOS DE ANANÁ O CASQUITOS DE NARANJAS PELADAS A VIVO.

Para completar el menú: BOEUF A LA MODE *(pág. 109) y FLAN DE CAFÉ (pág. 269).*

Si usted tiene **pan integral**
1 frasco de champiñón

*T*artinas de champiñón

PORCIONES
4

PREPARACIÓN
10 minutos

COCCIÓN
10 minutos

INGREDIENTES

Rodajas de pan integral, *8*
Manteca, *40 g*
Aceite de oliva, *2 cucharadas*
Puerros, *3*
Champiñones, *1 lata*
Sal y pimienta, *a gusto*
Huevos, *4*
Queso fundido fontina, *150 g*

Descortezar el pan, untarlo ligeramente con la manteca y tostarlo. Cortar los puerros en rodajitas finas, incluso la parte verde tierna, cocinar en el resto de manteca y aceite, agregar los champiñones cortados en rodajas, saltear y condimentar con sal y pimienta. Incorporar por último los huevos ligeramente batidos y el queso fundido rallado grueso, cocinar moviendo la preparación hasta que coagule pero resulte jugosa. Distribuir sobre las tostadas, servir caliente.

Nota: UTILIZAR ESTA PREPARACIÓN PARA RELLENAR VOL-AU-VENT DE HOJALDRE

Para completar el menú: FRICASSÉ DE POLLO A LA DEMIDOFF (pág. 144) y FRUTILLAS CON CREMA.

Si usted tiene **1 lata de sardinas**

Tomates de Cádiz

 PORCIONES
4

 PREPARACIÓN
10 minutos

 COCCIÓN
12 minutos

INGREDIENTES

Tomates, *4*
Sal y pimienta, *a gusto*
Cebollas de verdeo, *3*
Aceite, *3 cucharadas*
Sardinas, *1 lata*
Huevos duros, *2*
Mozzarella, *1*

Cortar 1 tapa a los tomates y ahuecarlos, condimentar su interior con sal y pimienta, colocarlos boca abajo. Picar la pulpa extraída de los tomates. Aparte, picar las cebollas y rehogarlas en el aceite, agregar la pulpa de tomate, condimentar con sal, pimienta y, si lo desea, una pizca de azúcar. Cocinar 2 minutos, retirar del fuego y mezclar con las sardinas escurridas y sin la espina central, agregar los huevos picados y la mitad de la mozzarella cortada en cubitos pequeños; distribuir dentro de los tomates. Cortar el resto de la mozzarella en rodajas y colocar como tapitas sobre los tomates, rociar con aceite y llevar a horno moderado 12 minutos hasta que la mozzarella se ablande.

Variante: *SI DESEA LOS TOMATES FRÍOS, MEZCLE EL RELLENO CON 3 CUCHARADAS DE MAYONESA, DECORE LA PARTE SUPERIOR CON ACEITUNAS NEGRAS Y OMITA LA MOZZARELLA.*

Para completar el menú: INVOLTINI COLO-RIDOS *(pág. 121) y FRUTA.*

Si usted tiene **1 paquete de sopa crema de cebolla**

*T*orta fiambre moteada

PORCIONES
6 a 7

PREPARACIÓN
15 minutos

COCCIÓN
45 minutos

INGREDIENTES

Ají rojo, *1*

Manteca, *50 g*

Sopa crema de cebolla,
1 paquete

Ricota, *400 g*

Huevos, *4*

Leche, *300 cc*

Aceitunas negras, *100 g*

Sal y pimienta, *a gusto*

Cortar el ají en cubitos pequeños y rehogarlos en la manteca, retirar del fuego. Mezclar la sopa crema con la ricota, agregar el ají y los huevos batidos ligeramente con la leche. Agregar las aceitunas fileteadas, condimentar con sal y pimienta, mezclar y colocar en un molde de 20 cm de diámetro enmantecado y espolvoreado con bizcochos molidos y cubierta la base con papel manteca. Cocinar a baño de María en horno moderado durante 45 minutos, verificar la cocción, dejar pasar el calor fuerte y desmoldar. Servir frío acompañado con casquitos de tomate y salsear con mayonesa.

Variantes: *SE PUEDE CAMBIAR EL SABOR DE LA TORTA UTILIZANDO OTROS GUSTOS DE SOPA CREMA: DE TOMATES, DE ESPÁRRAGOS, DE HONGOS, DE CHOCLOS, ETC.*

Para completar el menú: *FILETES A LA ITALIANA (pág. 84) y POMELOS AZUCARADOS.*

Vol-au-vent *de* *champiñón*

 PORCIONES
6

 PREPARACIÓN
10 minutos

COCCIÓN
10 minutos

INGREDIENTES

Vol-au-vent, 6
Salsa blanca, *1 paquete*
Puerros, 3
Manteca, *40 g*
Hongos secos, *1 cucharada*
Champiñones, *1 frasco*
Queso parmesano,
3 cucharadas
Sal, pimienta y nuez
moscada, *a gusto*
Huevos de codorniz, 6

Distribuir los *vol-au-vent* sobre una fuente para horno. Preparar la salsa blanca siguiendo las indicaciones del envase. Cortar los puerros en rodajitas y cocinarlos en la manteca, agregar los hongos remojados en agua caliente y picados, cocinar unos segundos, añadir los champiñones fileteados y mezclar con la salsa blanca, el queso rallado; condimentar con sal, pimienta y nuez moscada. Distribuir dentro de cada *vol-au-vent* y cascar 1 huevo dentro de cada uno, rociarlos con manteca fundida y cocinar en horno caliente hasta que la clara esté cocida.

Variante: CAMBIAR EL SABOR DEL RELLENO UTILIZANDO 1 LATA DE CHOCLO, CAMARONES, POLLO COCIDO Y PICADO O ESPINACA.

Para completar el menú: PALMITOS CON SALSA DE FRUTAS (pág. 30) y POSTRE MARRONS (pág. 284).

Guarniciones y ensaladas

*A*naná a la milanesa con lomito

 PORCIONES
8

 PREPARACIÓN
8 *minutos*

COCCIÓN
6 *minutos*

INGREDIENTES

Ananá en almíbar, *1 lata*

Mostaza, *1 cucharada colmada*

Lomito ahumado, *100 g*

Huevo, *1*

Bizcochos molidos, *2 tazas*

Manteca y aceite, *para freír*

Escurrir el ananá y secarlo con papel de cocina, untar ligeramente una parte de las rodajas de ananá con mostaza, adherir sobre cada una de ellas el lomito. Pasarlos por el huevo batido con 2 cucharadas de agua y luego por los bizcochos, freír en la manteca con aciete.

Variante: *EL ANANÁ SE PUEDE REEMPLAZAR POR RODAJAS DE MANZANA.*

Para completar el menú: *CARRÉ CON SALSA DE RÉMOULADE (pág. 112) y BUDÍN DE PAN SIN HORNO (pág. 261).*

Brioches *de papa*

PORCIONES

6 a 8

PREPARACIÓN

12 minutos

COCCIÓN

8 minutos

INGREDIENTES

Puré en copos, *1 caja*

Huevos, *2*

Queso rallado,
4 cucharadas

Harina, *1 cucharada*

Queso, *100 g*

Preparar el puré siguiendo las indicaciones del envase pero con 200cc menos de líquido. Mezclar el puré con 1 yema, el queso rallado y la harina. Tomar porciones, colocar dentro un cubito de queso y formar una esfera, deben tener el tamaño de un huevo pequeño. Hundir un poco la esfera y colocar encima una esferita más pequeña. Colocar los *brioches* en una placa, pincelarlos con huevo y gratinarlos en horno caliente.

Variantes: *PARA ESTOS BRIOCHES SE PUEDE UTILIZAR PURÉ EN COPOS CON OTROS SABORES POR EJEMPLO PURÉ DE PAPA CON QUESO O CON CALABAZA.*

Para completar el menú: INVOLTINI COLORIDOS (*pág. 121*), ENSALADA NATALIA (*pág. 70*) y COPAS DE CREMA ROSADA (*pág. 264*).

Si usted tiene **repollitos de Bruselas congelados**

Bruselas salteados a la crema

PORCIONES
5

PREPARACIÓN
8 minutos

COCCIÓN
10 minutos

INGREDIENTES
Repollitos de Bruselas
congelados, *1 paquete*
Manteca, *50 g*
Panceta fresca en un trozo,
100 g
Crema de leche, *100 g*
Sal y pimienta negra de
molinillo, *a gusto*
Queso gruyere o similar
rayado, *cantidad necesaria*

Pasar los repollitos por agua hirviendo. Calentar la manteca y saltear a fuego suave la panceta cortada en tiritas. Agregar los repollitos rociados con la crema, condimentar con sal y pimienta y 2 o 3 cucharadas de queso, cocinar 2 o 3 minutos.

Variantes: SE PUEDE REEMPLAZAR LA PANCETA FRESCA POR PANCETA AHUMADA O JAMÓN COCIDO O CRUDO.

Para completar el menú: PECHUGAS A LA NIEVE (pág. 151) y COPAS MELBA (pág. 285).

Si usted tiene **1 bandeja de zanahoria rallada**
1 lata de espinaca

*B*udincitos de dos colores

 PORCIONES
8

 PREPARACIÓN
10 minutos

 COCCIÓN
40 minutos

INGREDIENTES

Zanahoria rallada,
1 bandeja
Espinaca, *1 lata*
Cebolla, *1*
Huevos, *4*
Queso blanco, *250 g*
Sal, pimienta y nuez
moscada, *a gusto*
Queso parmesano rallado,
4 cucharadas

Procesar o licuar la zanahoria con la mitad de la cebolla, 2 huevos, la mitad del queso blanco, condimentar con sal, pimienta, nuez moscada y la mitad del queso rallado. Realizar lo mismo con la espinaca, procesándola o licuándola con el resto de ingredientes. En moldecitos individuales enmantecados, colocar las dos preparaciones, primero una y luego la otra. Cocinar a baño de María en horno moderado durante 40 minutos, dejar pasar el calor fuerte y desmoldar.

Variantes: *LOS BUDICINTOS SE PUEDEN PREPARAR DE UN SOLO SABOR O DE COLOR ROJO SI SE UTILIZA REMOLACHA EN LATA.*

Para completar el menú: *COSTILLAS DE CORDERO A LA VILLEROI (pág. 114) y SAVARÍN MARISCAL (pág. 291).*

Si usted tiene **1 lata de espárragos**

$\mathcal{E}$spárragos en croûte de queso

PORCIONES
4 a 5

PREPARACIÓN
8 minutos

COCCIÓN
10 minutos

INGREDIENTES

Espárragos, *1 lata o frasco*
Huevo, *1*
Queso rallado,
4 cucharadas
Pan rallado, *1 cucharada
colmada*
Manteca, *40 g*
Aceite, *2 cucharadas*

Escurrir los espárragos. Mezclar el queso con el pan rallado. Pasar los espárragos por el huevo y luego por la mezcla de queso y pan rallado, dorarlos en manteca y aceite.

Nota: *LOS ESPÁRRAGOS SE PUEDEN DORAR EN HORNO BIEN CALIENTE ROCIADOS CON MANTECA FUNDIDA.*

Para completar el menú: *PECHUGUITAS EN SABAYÓN DE QUESO (pág. 153) y CRÊPES DE MANZANA AL CARAMELO (pág. 265).*

Si usted tiene **tapas para empanadas**
pimentón
semillas de amapola y sésamo

$\mathcal{H}$élices sabrosas

UNIDADES
36 a 48

PREPARACIÓN
18 minutos

COCCIÓN
15 minutos

INGREDIENTES

Tapas para empanadas,
1 paquete
Huevo, *1*
Pimentón, queso rallado y
semillas,
cantidad necesaria

Estirar cada tapa dándole forma rectangular, cortar en 3 o 4 tiras y enroscarlas sobre sí mismas. Pincelarlas con huevo y pasar algunas por pimentón, otras por queso rallado y otras por semillas de sésamo o de amapola. Acomodarlas sobre placa enmantecada y cocinarlas en horno caliente 15 minutos. Para acompañar cazuelas, pescado o como para servir con una copa.

Nota: SE PUEDE DAR OTRA FORMA A LAS TAPAS DE EMPANADAS: COTARLAS POR LA MITAD Y CADA MITAD EN DOS, FORMANDO 4 TRIÁNGULOS.

ESTAS TAPAS DE EMPANADAS SON IDEALES PARA SERVIR CON CARNES ROJAS, BLANCAS O ENTRADAS, ACOMPAÑADAS CON CHIPS:
* QUESO BLANCO CON ACEITUNAS PICADAS, SAL, PIMIENTA Y MOSTAZA.
* MAYONESA CON JUGO DE LIMÓN, CREMA Y CIBOULETTE PICADA.
* QUESO BLANCO MEZCLADO CON POLVO DE SOPA CREMA DE CEBOLLA.

Si usted tiene **1 lata de puré de manzanas o manzanas en tajadas**

*M*anzanas especiadas (para platos salados)

 PORCIONES
6

 PREPARACIÓN
2 minutos

 COCCIÓN
5 a 6 minutos

INGREDIENTES
Puré de manzanas o
manzanas en tajadas,
1 lata
Especias, *a gusto*
(Canela en rama, clavo de
olor, jengibre, rábano
picante)
Ralladura de piel de limón,
1 cucharadita
Manteca, 25 g

Colocar el contenido de la lata de puré de manzanas o las manzanas en tajadas en un recipiente, agregar, envuelto en un pedacito de lienzo, un trozo de canela en rama, 1 clavo de olor, un trocito de jengibre y otro de rábano. Añadir la ralladura y la manteca, cocinar revolviendo con cuchara de madera 5 a 6 minutos, retirar las especias y servir, si se desea, espolvoreado con un toque de ralladura de macís o nuez moscada.

Nota: *SI NO TIENE JENGIBRE FRESCO NI RÁBANO NI CANELA EN RAMA, AGREGUE DURANTE LA COCCIÓN UNA PIZCA DE CADA ESPECIA EN POLVO.*

Para acompañar *COSTILLITAS DE CERDO RELLENAS A LA MOSTAZA (pág. 116) y ENSALADA ESPECIAL DE REPOLLO (pág. 68).*

Completa el menú: *FLAN DE CAFÉ (pág. 269).*

Si usted tiene **1 bandeja de calabaza pelada en rodajas**

Medallones de calabaza agridulces

 PORCIONES
5

 PREPARACIÓN
8 minutos

 COCCIÓN
25 minutos

INGREDIENTES

Rodajas de calabaza,
1 bandeja
Jugo de naranja, *1 vaso*
Sal y pimienta, *a gusto*
Aceite, *2 cucharadas*
Azúcar rubia o blanca,
3 cucharadas
Manteca, *25 g*

Acomodar las rodajas de calabaza en una asadera sin superponerlas, rociarlas con el jugo de naranja, condimentarlas con sal y pimienta y rociarlas con el aceite. Tapar con papel metalizado y cocinar en horno moderado 18 minutos, espolvorearlas con el azúcar y trocitos de manteca, destapar y proseguir la cocción hasta acaramelar.

Variante: *SI NO LE AGRADA EL SABOR AGRIDULCE, ROCIAR CON CALDO Y A LOS 18 MINUTOS, ESPOLVOREAR CON QUESO RALLADO Y TROCITOS DE MANTECA.*

Para completar el menú: *BONDIOLA DE FRANCFORT (pág. 110) y COPAS DE CREMA ROSADA (pág. 264).*

Si usted tiene **1 lata de morrones
arroz hervido**

Morrones rellenos a la milanesa

 PORCIONES
4

 PREPARACIÓN
15 minutos

 COCCIÓN
12 minutos

INGREDIENTES

Arroz hervido,
1 taza
Perejil picado, *1 cucharada*
Huevos, *2*
Quesos rallado,
3 cucharadas
Sal y pimienta, *a gusto*
Morrones, *1 lata*
Harina y pan rallado,
cantidad necesaria
Aceite, *para freír*

Mezclar el arroz con el perejil, 1 huevo, el queso rallado, sal y pimienta. Escurrir los morrones y rellenarlos con la preparación. Pasar los morrones por harina, después por huevo batido y por último por pan rallado. Freírlos en aceite caliente.

Nota: *ESTOS MORRONES SE PUEDEN UTILIZAR COMO GUARNICIÓN DE CARNES ROJAS, AVE O PESCADO O COMO PLATO DE ENTRADA ACOMPAÑADOS DE UNA ENSALADA DE HOJAS.*

Para completar el menú: *BIFES DE CUADRIL CON PAPAS A LA CREMA (pág. 54) y PERAS EN ALMÍBAR.*

Si usted tiene **1 lata de papines
crema de leche**

𝓟apas a la crema

 PORCIONES
4 a 5

 PREPARACIÓN
10 minutos

 COCCIÓN
12 minutos

INGREDIENTES

Papines, *1 lata*

Manteca, *40 g*

Diente de ajo, *1*

Jamón crudo, *100 g*

Crema de leche, *200 g*

Sal y pimienta, *a gusto*

Queso parmesano rallado,
5 cucharadas

Perejil y salvia picada,
2 cucharadas

Escurrir los papines y cortarlos en rodajas o cuartos. Calentar la manteca, dorar el ajo y retirarlo, añadir el jamón cortado en tiras y las papas, saltear y colocar en una fuente para horno. Condimentar la crema con poca sal, pimienta y el queso, verter sobre las papas y gratinar en horno caliente, espolvorear con las hierbas.

Variante: SE PUEDE REMPLAZAR EL JAMÓN CRUDO POR PANCETA AHUMADA O JAMÓN COCIDO.

Para completar el menú: COSTILLITAS DE CERDO RELLENAS A LA MOSTAZA (pág. 116) y CRÊPES DE MANZANA AL CARAMELO (pág. 265).

*P*apas con jamón a la provenzal

 PORCIONES
4

 PREPARACIÓN
8 minutos

 COCCIÓN
10 minutos

INGREDIENTES

Papines, *1 lata*
Manteca, *40 g*
Aceite, *2 cucharadas*
Ajo, *2 dientes*
Perejil picado,
3 cucharadas
Jamón cocido, *100 g*
Sal y pimienta, *a gusto*

Escurrir las papas. Calentar la manteca con el aceite, agregar los ajos y perejil picado, mezclar y agregar el jamón cortado en juliana, saltear unos segundos. Luego, incorporar las papas, condimentar con sal y pimienta negra de molinillo. Cocinar a fuego suave, tapado, durante 10 minutos.

Nota: *LOS PAPINES SE PUEDEN CORTAR EN RODAJAS FINAS Y DISPONER POR CAPAS TODOS LOS ELEMENTOS EN UN MOLDE ENMANTECADO. BATIR 2 HUEVOS CON 1/2 POCILLO DE LECHE Y VERTER SOBRE LA PREPARACIÓN. COCINAR EN HORNO MODERADO 20 MINUTOS; DEJAR PASAR EL CALOR FUERTE Y DESMOLDAR.*

Para completar el menú: *HAMBURGUESAS CON SALSA CREMOSA DE YEMAS (pág. 145) y PERAS AL CHOCOLATE (pág. 280).*

𝓟uré soufflé

 PORCIONES
6

 PREPARACIÓN
12 minutos

 COCCIÓN
20 minutos

INGREDIENTES

Puré en copos, *1 caja*

Perejil picado,
2 cucharadas

Queso parmesano rallado,
3 cucharadas

Huevos, 3

Preparar el puré siguiendo las indicaciones del envase, mezclar con el perejil y el queso. Separar las yemas de las claras, agregar las yemas al puré y acomodarlo en una fuente para horno. Batir las claras a nieve con 1 cucharadita de sal y 1/2 cucharada de azúcar, incorporar al puré mezclando suavemente. Gratinar en horno caliente 18 a 20 minutos.

Variante: PARA CONVERTIRLO EN UN PLATO DE ENTRADA, SE PUEDE ENRIQUECER EL PURÉ CON 150 G DE JAMÓN COCIDO PICADO Y 1 LATA DE CHOCLO ESCURRIDO.

Para completar el menú: MILANESITAS DE LEBERWURST, ENSALADA VERDE Y NARANJA (pág. 74) y BUDÍN DE PAN SIN HORNO (pág. 261).

Remolachas y manzanas azucaradas

PORCIONES
4 a 5

PREPARACIÓN
5 minutos

COCCIÓN
15 minutos

INGREDIENTES

Remolacha en cubos,
1 paquete
Manzanas Granny Smith, 2
Manteca, 50 g
Vinagre de manzana,
5 cucharadas
Azúcar rubia o blanca,
5 cucharadas

Colocar las remolachas y las manzanas peladas y cortadas en cubos en un recipiente con la manteca. Rociar con el vinagre y cocinar 5 a 6 minutos, espolvorear con el azúcar y cocinar a fuego moderado hasta que comience a azucarar.

Nota: *TAMBIÉN SE PUEDE UTILIZAR REMOLACHAS DE LATA CORTADAS EN REBANADAS.*

Para completar el menú: *PECHUGAS A LA NIEVE (pág. 151) y TARTA DE DURAZNOS (pág. 293).*

Si usted tiene 1 lata zanahorias *baby*

Zanahorias agridulces

PORCIONES
5

PREPARACIÓN
10 minutos

COCCIÓN
12 minutos

INGREDIENTES

Zanahorias *baby*, 1 lata

Manteca, 40g

Jugo de naranja,
2 cucharadas

Azúcar rubia o negra,
2 cucharadas

Sal, pimienta y comino,
a gusto

Escurrir las zanahorias, derretir la manteca, agregar el jugo de naranja y el azúcar, calentar y añadir las zanahorias. Saltearlos a fuego suave y condimentar con sal, pimienta y una pizca de comino.

Variante: *SI NO LE AGRADA EL SABOR AGRIDULCE, MEZCLAR LA MANTECA CON 2 CUCHARADITAS DE MOSTAZA Y 1 CUCHARADA DE SALSA DE SOJA.*

Para completar el menú: *COSTILLITAS DE CERDO RELLENAS A LA MOSTAZA (pág. 116), SOPA DORADA (pág. 169) y FRUTA.*

Si usted tiene **mollejas congeladas
ensalada de hojas, rúcula, lechuga morada
o de manteca y huevos de codorniz**

*E*nsalada cinco tenedores

 UNIDADES
6

 PREPARACIÓN
10 minutos

 COCCIÓN
18 minutos

INGREDIENTES

Mollejas, *4*

Sal y pimienta, *a gusto*

Ajo y perejil, *2 cucharadas*

Ensalada de hojas, *6 tazas*

Aceite de oliva,
3 cucharadas

Aceto balsámico,
2 cucharadas

Huevos de codorniz, *6*

Condimentar las mollejas con sal, pimienta, ajo y perejil, asarlas al horno hasta que estén bien crocantes, cortarlas en tiras y mantenerlas al calor. Acomodar en una fuente las hojas, mezclar el aceite con el aceto, sal y pimienta y salsear las hojas. Cocinar los huevos de codorniz duros o poché y acomodarlos sobre las hojas verdes alternando con las mollejas calientes.

Variantes: *LAS MOLLEJAS SE PUEDEN REEMPLAZAR POR RODAJAS DE RIÑONCITOS ASADOS O 1 PAQUETE DE AROS DE CEBOLLA REBOZADOS FRITOS, PERO COMBINANDO SIEMPRE UN ELEMENTO CALIENTE CON LAS HOJAS FRÍAS.*

Para completar el menú: *CRÊPES A LA CREMA DE ESPINACA (pág. 24) y HELADO CON MACEDONIA DE FRUTAS.*

Si usted tiene arenques
1 lata de papines
1 frasco de remolachas en rodajas

*E*nsalada al aceto con huevos de codorniz

PORCIONES
5

PREPARACIÓN
6 minutos

COCCIÓN
no hay

INGREDIENTES

Arenques, *1 paquete*
Papines, *1 lata*
Remolacha en rodajas,
1 frasco
Aceite de oliva,
4 cucharadas
Aceto balsámico,
2 cucharadas
Sal, pimienta blanca y
eneldo, *a gusto*
Huevos de codorniz,
1 por comensal

Cortar en tiritas los arenques, mezclar con los papines, colocar en una fuente y acomodar en el centro la remolacha. Mezclar el aceite con el aceto, poca sal, pimienta y 1 cucharadita de eneldo, rociar la preparación. Cocinar los huevos de codorniz *poché*, es decir, cascarlos en agua hirviendo con vinagre, cuando la clara envuelve la yema, escurrirlos sobre un lienzo y acomodarlos sobre la ensalada.

Variante: LOS ARENQUES SE PUEDEN SUPLANTAR POR 1 LATA DE SALMÓN ROSADO.

Para completar el menú: RISOTTO CON ALCAUCILES (pág. 194) y BUDÍN DE BATATA (pág. 260).

Si usted tiene **1 lata de papines**
1 lata de atún
1 lata de choclo

$\mathcal{E}$nsalada apetitosa

 PORCIONES
5

 PREPARACIÓN
10 minutos
COCCIÓN
1 minuto

INGREDIENTES

Papines, *1 lata*

Atún, *1 lata*

Choclo, *1 lata*

Tomates, *2*

Huevos duros, *3*

Anchoas, *6*

Aceite de oliva,

4 cucharadas

Jugo y ralladura de limón,

cantidad necesaria

Cebolla, *1*

Mezclar los papines con el atún desmenuzado y el choclo escurrido, agregar los tomates cortados en casquitos. Pisar los huevos y mezclar con las anchoas picadas, el aceite, 3 cucharadas de jugo de limón y 1 cucharadita de ralladura de la cáscara. Colocar la ensalada en una fuente, mezclar con el aderezo y salpicar con la cebolla cortada en rodajas finas, separada en aros y pasada por agua hirviendo.

Nota: *SE PUEDE SERVIR LA ENSALADA EN FORMA INDIVIDUAL SOBRE TOSTADAS DE PAN INTEGRAL.*

Para completar el menú: *CUADRIL AL PATÉ (pág. 118), y UVAS.*

Si usted tiene **arroz hervido**
1 frasco de champiñones

*E*nsalada de arroz con salsa de ajos y nueces

PORCIONES
4 a 5

PREPARACIÓN
10 minutos

COCCIÓN
2 a 3 minutos

INGREDIENTES

Arroz hervido, *2 tazas*
Queso tipo Mar del Plata
en un trozo, *150 g*
Champiñones, *1 frasco*
Manzanas Granny Smith, *2*
Dientes de ajo, *5*
Yogur natural, *200 g*
Sal, pimienta y limón,
a gusto
Nueces, *50 g*

Mezclar el arroz con el queso cortado en cubos, los champiñones fileteados y las manzanas peladas, cortadas en cubos y rociadas con jugo de limón. Cocinar los ajos sin pelar en agua con sal 2 o 3 minutos, escurrirlos y pasar un cuchillo por la cáscara sacando la pulpa. Licuar la pulpa con el yogur, sal, pimienta y jugo de limón, verter sobre la ensalada y espolvorear con las nueces picadas.

Variante: *ESTA ENSALADA SE PUEDE ENRIQUECER CON JAMÓN CRUDO O COCIDO CORTADO EN JULIANA Y 1 LATA DE CHAUCHAS O ARVEJAS.*

Para completar el menú: CAPELLETTI IN BRODO *(pág. 174),* CHURRASCOS DE CUADRIL, *y FRU- TA FRESCA.*

Si usted tiene **1 bandeja de zanahoria rallada
200 g de mayonesa
medias nueces**

$\mathcal{E}$nsalada de mayonuez

PORCIONES
5

PREPARACIÓN
3 minutos

COCCIÓN
no hay

INGREDIENTES

Zanahoria rallada,
1 bandejita
Bananas, 2
Jugo de limón, 3
cucharadas
Blanco de apio, 5 *troncos*
Mayonesa, 200 g
Cubo de caldo, 1/2
Medias nueces, 8
Lechuga morada, *1 planta*

Mezclar las zanahorias con las bananas cortadas en rodajas y rociadas con el jugo de limón y el apio cortado en trocitos. Colocar la mayonesa en un bol. Diluir el cubo de caldo en 1/2 taza de agua hirviendo, colocar en el vaso de la licuadora con las nueces, licuar y mezclar con la mayonesa. Tapizar una fuente con las hojas de lechuga, colocar en el centro la preparación de zanahoria y cubrir con la salsa.

Variante: *SI NO LE AGRADA LA ENSALADA CON BANANA, SE PUEDE SUPLANTAR CON 1 MANZANA GRANNY SMITH.*

Para completar el menú: *SPAGHETTI CON SALSA DE ACEITUNAS (pág. 181) y FLAN DE CAFÉ (pág. 269).*

Si usted tiene **berenjenas
jamón crudo
mozzarella y anchoas**

$\mathcal{E}$nsalada de Parma

PORCIONES
5

PREPARACIÓN
12 minutos

COCCIÓN
6 minutos

INGREDIENTES
Berenjenas, *3*
Vinagre, *1/2 pocillo*
Sal y ají molido, *a gusto*
Jamón crudo, *100 g*
Mozzarella, *200 g*
Tomates peritas, *3*
Anchoas en aceite, *6*
Aceite de oliva,
4 cucharadas

Cortar las berenjenas en cubos sin pelar, cocinarlas en agua con el vinagre y sal hasta que estén tiernas pero firmes, escurrirlas y acomodarlas en una fuente, espolvorear con ají molido. Arrollar el jamón y cortarlo en porciones, agregarlo a la fuente junto con la mozzarella cortada en cubos. Cortar los tomates en rodajas y colocar encima un trocito de anchoa, distribuir en la ensalada y agregar las aceitunas, rociar con aceite y condimentar con sal.

Nota: LA GENUINA ENSALADA DE PARMA SE PREPARA CON JAMÓN DE PARMA.

Para completar el menú: TORTELLINI ALLA ROMAGNA *(pág. 187)* y HELADO.

Si usted tiene **presas de pollo cocido
1 lata de papines**

$\mathcal{E}$nsalada de pollo y salsa de nuez

 PORCIONES
5

 PREPARACIÓN
6 minutos

 COCCIÓN
no hay

INGREDIENTES

Pollo en trocitos,
2 tazas
Papines, *1 lata*
Lechuga, *1 planta*
Huevos duros, *3*
Jamón cocido, *100 g*
Mayonesa, *1 taza*
Caldo de ave, *1 cubo*
Nueces picadas, *50 g*

Mezclar el pollo con los papines. Lavar las hojas de lechuga y tapizar una fuente; colocar en el centro la mezcla de pollo, agregar los huevos cortados en octavos y el jamón cortado en juliana. Colocar la mayonesa en un bol, diluir el cubo de caldo en un pocillo de agua caliente, agregar la mayonesa y las nueces; verter sobre la ensalada.

Variante: SE PUEDE SUPLANTAR EL POLLO COCIDO POR 1 LATA DE MERLUZA AL NATURAL.

Para completar el menú: CAZUELA DE LENTEJAS DEL CASERÍO (pág. 221) y PURÉ SOUFFLÉ DE MANZANAS (pág. 287).

Si usted tiene **1 lata de remolachas**

$\mathcal{E}$nsalada de remolacha con kummel

 PORCIONES
4

 PREPARACIÓN
8 minutos

 COCCIÓN
no hay

INGREDIENTES
Remolachas, 1 lata
Cebolla grande, 1
Laurel, 1 hoja
Vinagre de vino,
2 cucharadas
Sal, 1 cucharadita
Semillas de kummel,
1 cucharadita
Aceite de oliva,
cantidad necesaria

Colocar en un bol las remolachas con la cebolla cortada por la mitad y luego en rodajitas finas. Agregar el laurel, el vinagre, sal y las semillas de kummel, rociar con aceite y mezclar bien.

Variante: TAMBIÉN PUEDE CORTAR LAS REMOLACHAS EN RODAJAS Y MEZCLARLAS CON 1 LATA DE PAPINES, 1 LATA DE CHOCLO Y 2 MANZANAS GRANNY SMITH CORTADAS EN CUBOS. ADEREZAR CON JUGO DE LIMÓN Y MAYONESA. SERVIR SOBRE HOJAS DE LECHUGA.

Para completar el menú: COLITA DE CUADRIL A LA SAL CON CREMA DE QUESO (pág. 113), y ANANÁ.

Si usted tiene **hojas de rúcula
radicchio rosso
lechuga de manteca y berro**

$\mathcal{E}$nsalada especial de hojas con sésamo tostado

 PORCIONES
5

 PREPARACIÓN
8 minutos

 COCCIÓN
8 minutos

INGREDIENTES

Verduras de hoja,
cantidad necesaria
(Hojas de rúcula, *radicchio
rosso*, lechuga de manteca
y berro)
Aceto balsámico,
1 cucharada
Sal y pimienta verde,
a gusto
Aceite de oliva, *3
cucharadas*
Cubos de pan, *1 taza*
Panceta ahumada en un
trozo, *100 g*
Aceite y manteca, *para freír*
Semillas de sésamo, *2
cucharadas*

Lavar las hojas verdes, escurrirlas, cortarlas en trozos con la mano si son muy grandes y acomodarlas en una fuente. Mezclar el aceto con sal, un toque de pimienta y el aceite, verter sobre las hojas en el momento de servir. Aparte, dorar los cubos de pan con la panceta cortada en trocitos en 30 g de manteca y 3 cucharadas de aceite, cuando estén listos escurrir y distribuir sobre la ensalada. Dejar en la sartén sólo 1 cucharada del medio graso, agregar las semillas y saltearlas hasta tostarlas, salpicar la ensalada y aderezarla.

Variante: *SE PUEDE SUPRIMIR EL PAN Y LA PANCETA Y AGREGAR A LAS HOJAS CONCASSÉ DE TOMATE FRESCO Y ALMENDRAS PELADAS, FILETEADAS Y TOSTADAS. LAS ALMENDRAS FILETEADAS SE COMPRAN ENVASADAS.*

Para completar el menú: *LOMO EN CROÛTE (pág. 127) y BABA AL RON CON MACEDONIA DE FRUTAS (pág. 259).*

Ensalada especial de repollo

PORCIONES

5

PREPARACIÓN

7 minutos

COCCIÓN

3 minutos

INGREDIENTES

Bandela de zanahoria
rallada, 1
Bandeja de repollo, 1
Manzanas Rome, 2
Aceite, 5 cucharadas
Cubos de pan, 1 taza
Panceta ahumada en un
trozo, 100 g
Yogur natural, 1 pote
Sal, pimienta y mostaza,
a gusto
Mayonesa, 2 cucharadas
Vinagre de manzana,
3 cucharadas

Mezclar la zanahoria con el repollo y las manzanas peladas y cortadas en cubos. Aparte, colocar en una sartén el aceite, dorar en él los cubos de pan y la panceta cortada en tiritas finas, agregar a la ensalada y mezclar bien. Batir el yogur con sal, pimienta, 1 cucharadita de mostaza, el vinagre y la mayonesa, verter sobre la ensalada. Mantener en heladera por lo menos 1 hora antes de utilizar.

Variantes: SE PUEDE REEMPLAZAR LA PANCETA POR SALCHICHAS ALEMANAS O DE VIENA.

Para completar el menú: CRÊPES DE ESPÁRRAGOS Y JAMÓN AL CURRY (pág. 203); BUDÍN DULCE LAURA (pág. 262).

Si usted tiene **1 paquete de remolacha congelada o 1 lata de remolacha en rebanadas**

$\mathcal{E}$nsalada frescura

PORCIONES
5

PREPARACIÓN
16 minutos

COCCIÓN
no hay

INGREDIENTES

Remolacha,
1 paquete o 1 lata
Manzanas Granny Smith, 2
Pomelo, *1*
Cebolla, *1*
Queso tipo Mar del Plata,
150 g
Yogur natural, *200 g*
Sal, pimienta y jugo de
limón, *a gusto*
Aceite de maíz,
3 cucharadas

Colocar en un bol la remolacha, las manzanas peladas y cortadas en cubos, el pomelo pelado a vivo y cortado en casquitos, la cebolla cortada en rodajas finas y pasada por agua caliente. Por último el queso cortado en cubos. Condimentar el yogur con sal, pimienta, jugo de limón y el aceite, verter sobre la ensalada, mezclar bien y servir bien fría.

Nota: AGREGAR A ESTA ENSALADA VERDURAS DE HOJAS, BERROS, RADICHETA, ETC.

Para completar el menú: BOCCONCINI DE PARMA (pág. 21) y QUESO MAR DEL PLATA CON MERMELADA DE NARANJA.

Si usted tiene **1 lata de porotos**
1 lata de choclos

$\mathcal{E}$nsalada Natalia

 PORCIONES
5

 PREPARACIÓN
8 minutos

 COCCIÓN
no hay

INGREDIENTES

Porotos, *1 lata*

Choclos, *1 lata*

Zanahorias, *2*

Naranjas, *2*

Mayonesa, *4 cucharadas*

Jugo de limón, *3*
cucharadas

Sal y pimienta,
a gusto

Mezclar los porotos con el choclo, las zanahorias ralladas, las naranjas peladas a vivo y cortadas en casquitos. Aligerar la mayonesa con el jugo de limón, verter sobre la ensalada, rectificar el sabor con sal y pimienta, mezclar bien y colocar en una fuente.

Variantes: ESTA ENSALADA SE PUEDE ENRIQUECER CON 1 LATA DE GARBANZOS, JAMÓN CRUDO CORTADO EN JULIANA, 1 LATA DE ARVEJAS O DE CHAUCHAS, ETC.

Para completar el menú: TARTA MIXTA DEL MAR (pág. 100) y DURAZNOS RELLENOS MERENGADOS (pág. 266).

Si usted tiene **filetes de arenques**
1 lata de remolachas
1 lata de papines

𝓔nsalada Rollmops

 PORCIONES
4

 PREPARACIÓN
12 minutos

COCCIÓN
5 minutos

INGREDIENTES

Vinagre de manzana,
1/2 taza
Pimienta en grano, laurel y
azúcar, *a gusto*
Eneldo, *1/2 cucharada*
Filetes de arenque, *4*
Remolacha, *1 lata*
Manzana, *1*
Huevos duros, *2*
Papines, *1 lata*
Crema de leche, *100 g*

Hervir el vinagre con 5 o 6 granos de pimienta negra y pimienta blanca, 1 hoja de laurel y 2 cucharaditas de azúcar, agregar el eneldo y verter sobre los arenques cortados en trocitos. Dejar macerar 1 hora, luego mezclar con las remolachas, que ya vienen cortadas, la manzana cortada en cubos, los huevos duros picados y los papines cortados en cuartos. Rociar con la crema y servir fría, si se desea, sobre un colchón de hojas verdes.

Nota: *POR LO GENERAL EL ENELDO SE EMPLEA EN PLATOS DE PESCADO. ES UNA HIERBA MUY AROMÁTICA; SE UTILIZAN SUS SEMILLAS O LAS HOJAS.*

Para completar el menú: *TALLARINES* ALLA PUTTANESCA *(pág. 183) y PORCIONES AL LIMÓN (pág. 282).*

$\mathcal{E}$nsalada tibia de chauchas

PORCIONES
5

PREPARACIÓN
12 minutos

COCCIÓN
12 minutos

INGREDIENTES

Chauchas, *1 lata*
Aceite, *4 cucharadas*
Jamón en un trozo, *150 g*
Cubos de pan, *1 taza*
Sal, pimienta y vinagre,
a gusto
Huevos duros, *3*

Calentar el aceite en una sartén y colocar el jamón cortado en cubitos y el pan, saltear hasta dorar el pan. Agregar las chauchas, mezclar y colocar en una fuente, condimentar con sal, pimienta y 2 cucharadas de vinagre, espolvorear con los huevos picados gruesos.

Variante: REEMPLAZAR EL JAMÓN POR PANCETA AHUMADA Y COMPLETAR CON 1 LATA DE ZANAHORIAS BABY.

Para completar el menú: SPAGHETTI A LA PESCADORA (pág. 179) y PERAS AL CHOCOLATE (pág. 280).

Si usted tiene **pechugas de pollo**
rúcula
1 lata de porotos

$\mathcal{E}$nsalada tibia de pollo

 PORCIONES
4

 PREPARACIÓN
8 minutos

 COCCIÓN
15 minutos

INGREDIENTES

Pechugas de pollo, 2

Limón, *1*

Sal y pimienta, *a gusto*

Aceite de oliva,

5 *cucharadas*

Ajo, 2 *dientes*

Cubos de pan, *1 taza*

Porotos, *1 lata*

Rúcula, *150 g*

Mostaza, *1 cucharadita*

Cocinar las pechugas de pollo en agua hirviendo con sal y el jugo de 1/2 limón, cuando estén tiernas cortarlas en cubitos. Dorar en el aceite los ajos machacados y el pan, agregar los porotos escurridos, saltear y mezclar con el pollo. Acomodar sobre las hojas de rúcula, condimentar con sal, pimienta y el resto de jugo de limón batido con la mostaza y 1 cucharada de aceite de oliva.

Nota: CON LOS AJOS Y EL PAN SE PUEDEN DORAR 150 G DE PANCETA AHUMADA CORTADA EN TROCITOS.

Para completar el menú: CHORIZOS A LA POMAROLA (pág. 120) y UVAS.

Si usted tiene **1 bandeja de hojas de espinaca**
1 lata de zanahorias *baby*

*E*nsalada verde y naranja

 PORCIONES
5

 PREPARACIÓN
5 minutos

 COCCIÓN
no hay

INGREDIENTES

Hojas de espinaca,
1 bandeja
Zanahorias *baby*, 1 lata
Cebolla rallada,
3 cucharadas
Mayonesa, *3 cucharadas*
Jugo de limón,
3 cucharadas
Crema de leche, *100 g*
Mostaza, *1 cucharadita*
Sal y pimienta, *a gusto*
Naranjas, *2*

Lavar las hojas, secarlas y colocarlas en un bol, agregar las zanahorias. Mezclar la cebolla con la mayonesa, el jugo de limón, la crema de leche, la mostaza, sal y pimienta. Verter sobre la ensalada, mezclar y decorar con las naranjas peladas a vivo y cortadas en casquitos. Mantener en heladera 1 hora antes de servirla.

Variante: *LA ENSALADA SE PUEDE ENRIQUECER INCORPORANDO 1 LATA DE GRANOS DE CHOCLO Y HUEVOS DUROS CORTADOS EN CUARTOS.*

Para completar el menú: *EMPANADAS DE VERDEO (pág. 246) y PASTEL DE QUESO (pág. 279).*

Si usted tiene **1 lata de choclos**
1 lata de palmitos

*L*a ensalada de Laura

 PORCIONES
4 a 5

 PREPARACIÓN
8 minutos

 COCCIÓN
no hay

INGREDIENTES

Granos de choclo entero, *1 lata o 1 paquete congelado*
Palmitos, *1 lata*
Jamón cocido en un trozo, *100 g*
Tomates, *2*
Cebolla, *1*
Aceite de oliva, *3 cucharadas*
Mostaza, *1 cucharadita*
Sal y pimienta, *a gusto*
Salsa ketchup, *1 cucharadita*
Limón y naranja, *a gusto*

Mezclar en un bol el choclo con los palmitos cortados en rodajas, el jamón cortado en tiritas finas y los tomates cortados en cubitos sin las semillas. Cortar la cebolla en rodajas finas y pasarlas por agua hirviendo para desflemarlas, escurrirlas y agregarlas a la ensalada. Batir el aceite con la mostaza, sal, pimienta, salsa ketchup, 1/2 cucharada de jugo de limón y 1/2 cucharada de jugo de naranja, verter sobre la ensalada, mezclar y servir.

Nota: *SI LE AGRADA, SEPARAR UN TROZO DE CÁSCARA DE LIMÓN Y OTROS DE NARANJA, SIN LA PARTE BLANCA, CORTARLOS EN FINA JULIANA Y COCINARLOS EN AGUA Y 1 CUCHARADA DE AZÚCAR HASTA QUE SE TIERNICEN, ESCURRIRLOS Y SALPICAR CON ELLOS LA ENSALADA.*

Para completar el menú: *POLENTA NAPOLITANA CON BRÓCOLI (pág. 198), y FRUTA FRESCA.*

Pescados y mariscos

Si usted tiene **1 lata de salsa portuguesa**
filetes de abadejo congelados
1 lata de porotos o alubias

Abadejo a la portuguesa

 PORCIONES
4 a 5

 PREPARACIÓN
8 minutos

 COCCIÓN
20 minutos

INGREDIENTES

Salsa portuguesa, *1 lata*
Vino blanco seco, *1/2 vaso*
Arvejas, *1 lata*
Porotos, *1 lata*
Ajo y perejil, *2 cucharadas*
Sal y pimienta, *a gusto*
Filetes de abadejo
congelado, *1 paquete*
Aceitunas verdes, *50 g*

Colocar en una cacerola la salsa con el vino, calentar y agregar las arvejas y los porotos, condimentar con el ajo y perejil, sal y pimienta. Acomodar los filetes y cocinar, tapado, durante 15 minutos, agregar las aceitunas y proseguir la cocción 5 minutos más.

Nota: PARA ESTA PREPARACIÓN SE PUEDE UTILIZAR OTRO TIPO DE PESCADO QUE NO SEA CONGELADO POR EJEMPLO POSTAS O TROZOS DE MERLUZA, BRÓTOLA, POLLO DE MAR, ETC.

Para completar el menú: TORTILLA DE CHOCLO MERENGADA (pág. 216) y ENSALADA DE CÍTRICOS (pág. 267).

Si usted tiene **filetes de abadejo congelados**

*A*badejo con salsa de mostaza

PORCIONES
4

PREPARACIÓN
18 minutos

COCCIÓN
20 minutos

INGREDIENTES

Filetes de abadejo, *4*
Vino blanco seco, *250 cc*
Limón, *1*
Sal, pimienta y laurel,
a gusto
Yemas, *2*
Fécula de maíz, *1*
cucharada colmada
Manteca, *50 g*
Mostaza, *1/2 cucharada*

Colocar los filetes en una asadera, rociarlos con las 3/4 partes del vino, el jugo de limón, sal, pimienta y 2 hojas de laurel, cocinar en horno moderado hasta que el pescado esté tierno, aproximadamente 20 minutos. Aparte, colocar las yemas en un bol con la fécula, sal, pimienta y 5 o 6 cucharadas del jugo de cocción del pescado y el resto de vino, cocinar batiendo a baño de María hasta esperar. Retirar del fuego y agregar la manteca blanda y la mostaza, batir y salsear el pescado. Acompañar con papas *noisette* doradas en aceite.

Variantes: *SE PUEDE ENRIQUECER LA PREPARACIÓN AGREGANDO A LA SALSA 200 G DE CAMARONES SALTEADOS EN MANTECA O 1 LATA DE MEJILLONES AL NATURAL.*

Para completar el menú: *BRIOCHES DE PAPA (pág. 46) y PASTEL DE QUESO (pág. 279).*

Si usted tiene **1 lata de sardinas**
ricota

*A**lbondigones de sardinas*

PORCIONES
6 a 8

PREPARACIÓN
12 minutos

COCCIÓN
10 minutos

INGREDIENTES

Sardinas, *1 lata*
Cebolla, *1*
Manteca, *25 g*
Ricota, *250 g*
Huevo, *1*
Sal, pimienta y perejil,
a gusto
Bizcochos molidos,
1 taza colmada

Abrir la lata y quitarles la espina central a las sardinas. Picar la cebolla, cocinarla en la manteca, retirar del fuego y mezclar con la ricota, el huevo y las sardinas. Condimentar con poca sal, pimienta y 1 cucharada de perejil, agregar 3 o 4 cucharadas de bizcochos molidos para dar cuerpo a la preparación. Tomar porciones con una cuchara, darles forma de esferas, pasarlas por los bizcochos molidos restantes. Acomodar en una fuente para horno y cubrir con una salsa liviana de tomate o con 200 g de crema mezclada con 1 cucharadita de fécula de maíz, sal, pimienta y 2 cucharadas de salsa ketchup. Espolvorear con queso rallado y gratinar en horno caliente.

Variante: *PUEDE PREPARAR LOS ALBONDIGONES CON LA MISMA BASE, SUPLANTANDO LAS SARDINAS POR 1 LATA DE ATÚN O DE CABALLA.*

Para completar el menú: *BUDÍN DE ESPINACA (pág. 202) y FRUTAS MOLDEADAS (pág. 270).*

$\mathcal{C}$rêpes *a la oriental*

 PORCIONES
12

 PREPARACIÓN
12 minutos

 COCCIÓN
tiempo de fritura

INGREDIENTES

Atún o salmón, *1 lata*
Queso blanco, *200 g*
Huevo duro, *1*
Sal y pimienta verde,
a gusto
Ralladura de piel de limón,
1 cucharadita
Crêpes, 1 paquete
Huevos, 2
Aceite, *para freír*

Mezclar el atún o salmón con el queso blanco y el huevo duro picado; condimentar con sal, pimienta y la ralladura de limón. Separar los *crêpes*, untarlos con la pasta y doblarlos en cuatro como pañuelos. Batir los huevos y pasar por ellos los pañuelitos de *crêpes*, freírlos en el aceite caliente, cuando estén dorados, escurrirlos sobre papel. Servirlos calientes acompañados por salsa de soja.

Variante: *SE PUEDE SUPLANTAR EL ATÚN O SALMÓN POR ALGÚN PATÉ DE PESCADO O DE CARNE, O UTILIZAR CAMARONES CONGELADOS O FRESCOS.*

Para completar el menú: *MACARRONCITOS CON SALSA BOLOGNESA (pág. 177) y FRUTA DE LA ESTACIÓN.*

Si usted tiene **latas de mariscos**
salsa pomarola
5 rodajas de brótola

*C*hupín express

 PORCIONES
5

 PREPARACIÓN
10 minutos

 COCCIÓN
20 minutos

INGREDIENTES

Salsa pomarola, *1 lata*
Perejil picado,
2 cucharadas
Vermut, *4 cucharadas*
Rodajas de brótola, *5*
Sal y pimienta, *a gusto*
Calamares en aceite, *1 lata*
Pulpo, *1 lata*
Mejillones al natural, *1 lata*
Sal, pimienta y galletas
marineras, *a gusto*
Cubo de caldo de
verdura, *1*

Colocar en un recipiente la salsa pomarola, agregar el perejil y el vermut, calentar y acomodar las rodajas de brótola condimentadas con sal y pimienta. Cocinar 10 minutos, agregar los calamares, el pulpo y los mejillones, añadir el cubo de caldo diluido en 1 pocillo de agua, cocinar 10 a 12 minutos más. Servir bien caliente con la galleta triturada.

Nota: *PARA ENRIQUECER EL CHUPÍN SE PUEDEN UTILIZAR LATAS DE ALMEJAS, PULPO Y BERBERECHOS.*

Para completar el menú: *ZAPALLITOS RE-LLENOS (pág. 218) y FRUTA FRESCA.*

Filetes a la italiana

 PORCIONES
5

 PREPARACIÓN
8 minutos

COCCIÓN
20 minutos

INGREDIENTES

Filetes de merluza, 5
Sal, pimienta y harina,
cantidad necesaria
Salsa pomarola, *1 lata*
Crema de leche, *100 g*

Condimentar los filetes con sal y pimienta, pasarlos por harina y acomodarlos en una fuente para horno sin que se superpongan. Cubrir con la salsa pomarola mezclada con la crema; cocinar en horno moderado 20 minutos.

Variantes: *PUEDE UTILIZAR OTRA CLASE DE FILETES DE PESCADO: MERLUZA, ABADEJO O BRÓTOLA Y ENRIQUECER EL PLATO AGREGANDO A LA SALSA CAMARONES, 1 LATA DE MEJILLONES, ACEITUNAS, ARVEJAS, ETC.*

Para completar el menú: *MORRONES RELLENOS A LA MILANESA (pág. 53) y PERAS AL CHOCOLATE (pág. 280).*

Si usted tiene **filetes de merluza congelados**
1 frasco de alcaparras

𝓕iletes de merluza a la manteca negra

 PORCIONES
4

PREPARACIÓN
15 minutos

 COCCIÓN
18 minutos

INGREDIENTES

Filetes de merluza
congelados, *4*
Sal y pimienta negra,
a gusto
Cubos de caldo de
pescado, *1*
Manteca, *125 g*
Alcaparras, *2 cucharadas*

Acomodar los filetes en una fuente para horno, condimentar con sal y pimienta de molinillo, rociar con el caldo diluido en 1 pocillo de agua hirviendo. Cocinar en horno moderado hasta que los filetes resulten tiernos. Aparte, derretir la manteca a fuego moderado, condimentarla con sal y pimienta negra de molinillo, cuando tome color dorado, agregar las alcaparras con 1 cucharada de su vinagre. Acompañar con papas *noisette* congeladas, fritas en una mezcla de manteca y aceite y espolvorearlas con perejil o hierbas picadas.

Nota: *SE PUEDE UTILIZAR CUALQUIER OTRO TIPO DE PESCADO, INCLUSO ALETAS DE RAYA.*

Para completar el menú: *HÉLICES SABROSAS (pág. 50) y PERAS EN ALMÍBAR.*

Si usted tiene **1 paquete de filetes de merluza rebozados congelados**

ℱiletes marplatenses

 PORCIONES
4

 PREPARACIÓN
10 minutos

 COCCIÓN
20 minutos

INGREDIENTES

Filetes, 4
Papas *noisette, 1/2 paquete*
Aceite de oliva,
3 cucharadas
Camarones, 200 g
Mayonesa, 250 g
Vino jerez, 1/2 vaso

Colocar los filetes en una fuente para horno, acomodar las papas alrededor y rociar con el aceite; tapar con papel de aluminio y cocinar en horno moderado 15 minutos. Mezclar aparte los camarones con la mayonesa y el vino, distribuir sobre los filetes y proseguir la cocción 8 minutos más.

Variante: SE PUEDE CAMBIAR EL SABOR DE ESTE PLATO COCINANDO LOS FILETES CON LAS PAPAS 12 MINUTOS, LUEGO CUBRIRLOS CON UNA TAJADA DE JAMÓN O LOMITO AHUMADO Y UNA RODAJA DE MOZZARELLA, PROSEGUIR LA COCCIÓN HASTA DERRETIR EL QUESO.

Para completar el menú: CHAUCHAS A LA CREMA TURINESA (pág. 204) y ENSALADA DE CÍTRICOS (pág. 267).

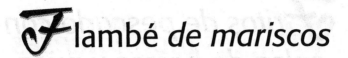

✓Flambé *de mariscos*

PORCIONES
5

PREPARACIÓN
8 minutos

COCCIÓN
10 minutos

INGREDIENTES

Caballa al tomate, *1 lata*
Mejillones al natural, *1 lata*
Almejas, *1 lata*
Cintas de kanikama
congeladas, *1 paquete*
Manteca, *40 g*
Dientes de ajos sin pelar, *3*
Coñac, *1 copa*
Perejil, *2 cucharadas*

Desmenuzar en trozos más bien grandes la caballa, retirándole las espinas; agregar los mejillones, las almejas y el kanikama. Aparte, saltear en la manteca los ajos aplastados, retirarlos y agregar los mariscos. Calentarlos y luego flambearlos con el coñac caliente. Servirlos espolvoreados con el perejil sobre tostadas de pan lácteo o sobre *crêpes*.

Nota: SE PUEDE ENRIQUECER ESTE FLAMBÉ CON CAMARONES, CHAMPIÑONES O PALMITOS.

Para completar el menú: PAVO CON MOUSSE DE ESPÁRRAGOS *(pág. 149)* y PERAS AL CHOCOLATE *(pág. 280).*

Si usted tiene **bastoncitos de pescado**

*F*ritos de pescado con salsa de berros y nuez

 PORCIONES
6

 PREPARACIÓN
12 minutos

 COCCIÓN
12 minutos

INGREDIENTES

Bastoncitos de pescado,
1 caja
Aceite, *para freír*
Mayonesa, *250 g*
Yogur natural, *200 g*
Limón, *1*
Hojas de berro, *1 taza*
Sal, pimienta verde molida,
a gusto
Nueces picadas, *50 g*

Cocinar en el aceite los bastoncitos de pescado, escurrirlos. Licuar la mayonesa con el yogur, el jugo de limón, las hojas de berro, sal y pimienta. Salsear el pescado y espolvorear con las nueces, acompañar con casquitos de limón y una jardinera.

Variante: *COCINAR LOS BASTONCITOS DE PESCA-DO AL HORNO EN UNA ASADERA PINCELADA CON ACEITE; SALSEARLOS CON UNA SALSA POMAROLA PER-FUMADA CON 2 CUCHARADAS DE VERMUT Y UNA RAMITA DE SALVIA.*

Para completar el menú: *SOPA DORADA (pág. 169) y TORTA INVERTIDA (pág. 295).*

Si usted tiene **1 paquete de anillos de calamares a la romana, cornalitos congelados y 12 langostinos**

𝓕rittata *de mariscos con salsa de morrones*

 PORCIONES
6

 PREPARACIÓN
8 minutos

COCCIÓN
tiempo de fritura

INGREDIENTES

Langostinos, *12*

Limones, *2*

Harina leudante, *1 taza*

Huevos, *2*

Sal, pimienta y perejil,
a gusto

Leche, *cantidad necesaria*

Anillos de calamares
congelados, *1 paquete*

Cornalitos congelados,
1 paquete

Aceite, *para freír*

Pelar los langostinos y rociarlos con jugo de limón. Mezclar la harina con los huevos, sal, pimienta y 1 cucharada de perejil picado, agregar leche hasta formar una pasta no demasiado fluida. Freír en aceite los anillos de calamares, pasar los cornalitos por harina y freírlos en aceite. Pasar los langostinos por la pasta y freírlos. A medida que se van cocinando, escurrirlos sobre papel y mantenerlos al calor. Servirlos sobre una fuente tapizada con hojas de lechuga, distribuir encima los casquitos de limón, acompañar con un bol de salsa de morrones.

Salsa de morrones: *LICUAR 2 MORRONES DE LATA, MEZCLARLOS CON 400 G DE MAYONESA Y EL JUGO DE 1/2 LIMÓN, SAL Y PIMIENTA.*

Para completar el menú: *SOPA MINESTRÓN (pág. 171) y TARTA DE DURAZNOS (pág. 293).*

Si usted tiene **1 lata de vieiras**
1 lata de champiñones

ratín de vieiras

PORCIONES
5

PREPARACIÓN
10 minutos

COCCIÓN
12 minutos

INGREDIENTES

Vieiras, *1 lata*
Champiñones, *1 frasco*
Cebolla, *1*
Manteca, *40 g*
Aceite, *1 cucharada*
Coñac, *2 cucharadas*
Crema de leche,
2 cucharadas
Sal y pimienta blanca de
molinillo, *a gusto*
Queso gruyere rallado,
5 cucharadas
Perejil picado y estragón,
a gusto

Escurrir las vieiras y mezclar con los champiñones fileteados. Aparte cocinar la cebolla picada en la manteca y el aceite, agregar las vieiras y los champiñones, rociar con el coñac y cocinar 1 minuto. Añadir la crema de leche condimentada con sal y pimienta, el queso gruyere, 2 cucharadas de perejil y 1 cucharadita de estragón. Distribuir en 5 coquillas o cazuelitas y gratinar en horno caliente hasta dorar.

Nota: LAS VIEIRAS SE PUEDEN REEMPLAZAR POR ALMEJAS O MEJILLONES.

Para completar el menú: BUDÍN DE ESPINACA (pág. 202) y CRÊPES DE MANZANA AL CARAMELO (pág. 265).

Si usted tiene **filetes de merluza o lenguado**
1 lata de paté al salmón
masa rectangular de pascualina

Lenguado en hojaldre

PORCIONES
4

PREPARACIÓN
20 minutos

COCCIÓN
30 minutos

INGREDIENTES

Masa rectangular de
pascualina, *1*
Puerros, *4*
Manteca, *50 g*
Paté de salmón, *1 lata*
Filetes grandes de
lenguado, *4*
Sal y pimienta, *a gusto*
Mostaza, *1 cucharada*
Huevo, *1*

Cortar los puerros en rodajitas finas, cocinarlos en la mitad de la manteca. Pisar el paté de salmón con el resto de manteca. Condimentar los filetes con sal y pimienta, untarlos con el paté, cortarlos por la mitad y superponer uno sobre otro. Cortar la masa en 8 rectángulos, untar la mitad de la masa con la mostaza y apoyar los filetes, distribuir encima los puerros, pincelar el reborde de la masa con huevo y cubrir con el resto de masa. Cortarlos dándoles forma de pescado, imitar las escamas haciendo cortes con la punta de una tijera; pincelar con huevo y cocinar a temperatura moderada 30 minutos. Acompañar con una salsa de limón.

Salsa de limón: MEZCLAR 1 TAZA DE MAYONE-SA CON EL JUGO Y RALLADURA DE 1 LIMÓN Y 50 G DE CREMA DE LECHE.

Para completar el menú: CRÊPES A LA CRE-MA DE ESPINACA (*pág. 24*) y MOUSSE DE LIMÓN (*pág. 278*).

Si usted tiene **1 paquete de medallones de pescado congelado**

**edallones de pescado a la crema de roquefort**

 PORCIONES
4

 PREPARACIÓN
15 minutos

COCCIÓN
18 minutos

INGREDIENTES

Medallones de pescado, *4*
Crema de leche, *200 g*
Roquefort, *150 g*
Coñac, *1/2 vaso*
Manteca, *25 g*
Puré de papas en copos con queso, *1 caja*

Acomodar los medallones en una fuente para horno, cocinarlos 8 minutos en horno moderado, darlos vuelta. Aparte, mezclar sobre fuego la crema con el queso roquefort picado, cuando esté disuelto, retirar del fuego y mezclar con el coñac. Verter sobre el pescado, distribuir encima la manteca en trocitos y proseguir la cocción 10 minutos más. Acompañar con el puré de papas preparado como indica el envase.

Variante: COCINAR LOS MEDALLONES DE PESCADO AL HORNO O EN FRITURA DE ACEITE, ACOMPAÑAR CON EL PURÉ SOUFFLÉ.

Para completar el menú: PALMITOS CON SALSA DE FRUTAS (pág. 30) y FLAN A LA NUEZ (pág. 268).

Si usted tiene **filetes de merluza**
1 crema de queso al salmón
1 lata de tomates perita

*P*an de pescado al estilo Luciana

 PORCIONES
6

 PREPARACIÓN
10 minutos

 COCCIÓN
35 minutos

INGREDIENTES

Filetes de merluza, 3/4 *kilo*
Crema de queso al salmón,
1 paquete
Tomates perita, 1 lata
Huevos, 4
Sal y pimienta, *a gusto*
Pan rallado, 5 *cucharadas*

Cocinar los filetes en agua con sal 5 minutos, escurrirlos y colocarlos en el vaso de la licuadora con el queso, el tomate, los huevos, sal y pimienta, licuar hasta obtener una crema. Mezclar con el pan rallado, colocar en un molde rectangular aceitado y espolvoreado con pan rallado. Cocinar a baño de María 35 a 40 minutos, dejar entibiar y desmoldar. Salsear con salsa holandesa rápida.

Salsa holandesa rápida: COLOCAR EN UN BOL 1 TAZA DE MAYONESA CON 4 o 5 CUCHARADAS DE JUGO DE LIMÓN Y BATIR A BAÑO DE MARÍA HASTA OBTENER UNA SALSA FLUIDA.

Para completar el menú: ENSALADA DE POLLO Y SALSA DE NUEZ (pág. 65) y GRATÍN DE BANANA Y VAINILLA (pág. 271).

℘astel marino

 PORCIONES
6

 PREPARACIÓN
8 minutos

 COCCIÓN
35 a 40 minutos

INGREDIENTES

Discos de pascualina,
1 paquete
Cazuela de mariscos, *1 lata*
Huevos, 3
Crema de leche, *150 g*
Sal y pimienta, *a gusto*

Tapizar una tartera con un disco de pascualina. Mezclar el contenido de la lata de cazuela de mariscos con los huevos ligeramente batidos y la crema, condimentar con poca sal y un toque de pimienta, colocar dentro de la tartera. Cubrir con el otro disco de masa, pinchar ligeramente la superficie, pincelar con leche o huevo y cocinar en horno moderado 35 a 40 minutos.

Nota: *ANTES DE COLOCAR EL RELLENO, PINCELAR EL FONDO DE LA MASA DE TARTA CON 1/2 CUCHARADA DE MOSTAZA Y ESPOLVOREAR CON 2 CUCHARADAS DE QUESO O BIZCOCHOS MOLIDOS RALLADOS, EN ESA FORMA SE AÍSLA LA MASA DE LA HUMEDAD DEL RELLENO.*

Para completar el menú: *INVOLTINI COLORIDOS (pág. 121) y FRUTA.*

Si usted tiene **1 caja de puré en copos**
1 lata de atún

$\mathcal{P}$asteles de papa con atún a la romana

 PORCIONES
5

 PREPARACIÓN
15 minutos

COCCIÓN
12 minutos

INGREDIENTES

Puré de papas en copos,
1 caja
Huevos, *2*
Harina, *2 cucharadas*
Queso parmesano,
3 cucharadas
Atún, *1 lata*
Mayonesa, *3 cucharadas*
Anchoas, *5*
Aceitunas negras, *5*

Preparar el puré con 200 cc menos del líquido que indica el envase, mezclar con los huevos, la harina y el queso. Sobre placas enmantecadas formar 5 porciones, hacer un hueco en cada una. Mezclar el atún desmenuzado con la mayonesa, distribuir dentro de los huecos, cubrir con el resto de puré, decorar cada uno de ellos con una anchoa y una aceituna. Gratinar en horno caliente, servirlos sobre medallones de pan tostado.

Variante: *LOS HUECOS DE LOS PASTELES SE PUE-DEN RELLENAR CON ESPINACA SALTEADA EN MANTECA Y 1 HUEVO DE CODORNIZ, CUBRIR CON EL RESTO DE PURÉ, DECORAR CON LA ANCHOA Y LA ACEITUNA. GRATINAR EN HORNO NO MUY CALIENTE PARA QUE SE COCINE LA CLARA DEL HUEVO.*

Para completar el menú: *CUADRIL CON SALSA Y VEGETALES (pág. 119) y YOGUR CON JALEA DE UVAS.*

*P*até de salmón ahumado

PORCIONES
5

PREPARACIÓN
12 minutos

COCCIÓN
45 minutos

INGREDIENTES

Puerros, *4*

Manteca, *30 g*

Paté de salmón ahumado,
1 lata

Crema de leche, *200 g*

Perejil y salvia picada,
a gusto

Huevos, *4*

Sal y pimienta blanca,
a gusto

Cortar los puerros en rodajas finas, cocinarlos en la manteca, mezclar con el paté y la crema. Agregar perejil y salvia, los huevos ligeramente batidos y condimentar con sal y pimienta de molinillo. Colocar en un molde rectangular enmantecado, cubierta la base con papel manteca. Cocinar en horno moderado a baño de María durante 45 minutos; dejar entibiar y desmoldar. Salsear con mayonesa aligerada con jugo de limón y una cucharada de coñac.

Nota: *SE PUEDE CAMBIAR EL SABOR DEL PATÉ UTILIZANDO OTROS PATÉS, JAMÓN DEL DIABLO, PATÉ DE PAVO O LEBERWURST.*

Para completar el menú: *ENSALADA DE REMOLACHA CON KUMMEL (pág. 66), POLLO A LA AMERICANA (pág. 154) y PERAS AL CHOCOLATE (pág. 280).*

$\mathcal{P}$ostas de salmón con almendras al curry

PORCIONES
4

PREPARACIÓN
8 minutos

COCCIÓN
18 a 20 minutos

INGREDIENTES

Postas de salmón
congelado, *4*
Sal, pimienta y jugo de
limón, *a gusto*
Vino jerez, *1/2 copa*
Crema de leche, *200 g*
Fécula de maíz,
1/2 cucharada
Curry, *1 cucharadita*
Almendras saladas,
4 cucharadas

Condimentar el pescado con sal, pimienta y jugo de limón, acomodarlo sin superponer en una fuente para horno, rociar con el vino. Diluir en la crema la fécula y el curry, condimentar con sal y pimienta, verter sobre las postas de pescado, cocina en horno moderado 18 a 20 minutos. Espolvorear con las almendras.

Nota: *ACOMPAÑAR EL PESCADO CON EL CONTENIDO DE 1 LATA DE CHAUCHAS Y OTRA DE REMOLACHAS SALTEADAS EN MANTECA.*

Para completar el menú: *TIRABUZONES ALLA ROMAGNOLA (pág. 184) y PERAS AL VINO TINTO CON SALSA INGLESA (pág. 281).*

Si usted tiene **1 paquete de anillos de calamares congelados a la romana**

*R*abas a la leonesa

 PORCIONES
4

 PREPARACIÓN
10 minutos

 COCCIÓN
12 minutos

INGREDIENTES

Cebollas, 4
Aceite de oliva,
5 cucharadas
Ajo, *2 dientes*
Anillos de calamares
congelados a la romana,
1 paquete
Perejil picado,
2 cucharadas
Vino jerez, *1/2 copa*
Sal, pimienta y pimentón,
a gusto

Pelar las cebollas, cortarlas por la mitad y luego en rodajas finas, cocinarlas en el aceite con los dientes de ajo picados. Aparte freír los anillos de calamar en aceite hasta dorarlos, escurrirlos y agregarlos a la cebolla. Añadir el perejil y rociar con el jerez mezclado con 1 cucharadita de pimentón, condimentar con sal y pimienta, cocinar a fuego suave 1 a 2 minutos, revolviendo las rabas para que se impregnen del sabor de la cebolla.

Nota: *SE PUEDEN SERVIR BIEN CALIENTES EN CAZUELITAS INDIVIDUALES, ACOMPAÑADAS CON ARROZ A LA MANTECA.*

Para completar el menú: *CHAUCHAS A LA CREMA TURINESA (pág. 204) y MANZANAS EN CROÛTE (pág. 272).*

Si usted tiene **1 caja de puré de calabaza**
1 lata de salmón rosado en aceite
1 lata de arvejas

$\mathcal{S}$avarín de salmón .

 PORCIONES
6

 PREPARACIÓN
15 minutos

 COCCIÓN
25 a 30 minutos

INGREDIENTES

Puré de calabaza, *1 caja*
Huevos crudos, *2*
Harina y queso rallado,
cantidad necesaria
Arvejas, *1 lata*
Salmón rosa en aceite,
1 lata
Huevos duros, *2*

Preparar el puré siguiendo las indicaciones del envase con 1 pocillo menos de líquido de lo que inidica el envase, mezclar con los huevos, 2 cucharadas de harina, 3 cucharadas de queso rallado y las arvejas escurridas. Enmantecar un molde savarín y colocar en la base un tira de papel metalizado. Colocar una parte del puré en el molde, extenderlo en la base y las paredes, acomodar en el centro el salmón y los huevos duros cortados en rodajas, cubrir el relleno con el resto de puré. Cocinar en horno moderado a baño de María 25 a 30 minutos, dejar entibiar y desmoldar. Salsear si se desea con una salsa bechamel liviana siguiendo las indicaciones del envase.

Variantes: *SE PUEDE CAMBIAR EL RELLENO POR OTRO TIPO DE PESCADO O MARISCO O INCLUSO ALGÚN PATÉ DE LATA.*

Para completar el menú: *PALMITOS CON SALSA DE FRUTAS (pág. 30) y COPAS DE CREMA ROSADA (pág. 264).*

Si usted tiene **1 disco de pascualina**
2 o 3 latas de mariscos

*T*arta mixta del mar

 PORCIONES
6 a 7

 PREPARACIÓN
12 minutos

 COCCIÓN
35 a 40 minutos

INGREDIENTES

Disco de pascualina, *1*
Mostaza, *1 cucharada*
Mejillones, *1 lata*
Calamares en su tinta,
1 lata
Crema de leche, *200 g*
Perejil y salvia picados,
2 cucharadas
Huevos, *3*

Tapizar con un disco de pascualina una tartera enmantecada, untar la base con la mostaza. Mezclar los mejillones y los calamares (si fueran enteros cortarlos en ruedas), agregar la crema, las hierbas, los huevos ligeramente batidos, condimentar con poca sal y un toque de pimienta de molinillo. Colocar dentro de la tartera y cocinar en horno moderado 35 a 40 minutos.

Variante: *LOS MEJILLONES Y CALAMARES SE PUE-DEN REEMPLAZAR POR SARDINAS, ATÚN, SALMÓN, ALMEJAS, BERBERECHOS O 1 LATA DE CAZUELA DE MARISCOS.*

Para completar el menú: *PAPAS CON JA-MÓN A LA PROVENZAL (pág. 55) y BUDÍN DULCE LAURA (pág. 262).*

Si usted tiene **1 lata de salmón ahumado**
1/2 kilo de filetes de merluza
espinaca congelada

*T*errine *de salmón ahumado*

 PORCIONES
5

 **PREPARACIÓN**
15 minutos

 COCCIÓN
40 minutos

INGREDIENTES

Filetes de merluza sin
espinas, *1/2 kilo*
Crema de leche, *200 g*
Claras de huevo, *2*
Sal, pimienta, *cantidad*
necesaria
Hebras de azafrán, *2*
Espinaca congelada,
1 paquete
Salmón ahumado, *1 lata*

Procesar los filetes. Batir la crema a punto sostenido. Mezclar la mitad de la crema con los filetes, agregar 1 clara y condimentar con sal, pimienta y si lo desea unas hebras de azafrán. Sumergir la espinaca en agua hirviendo con sal, escurrirla muy bien y condimentarla con sal y pimienta. Mezclar el salmón con el resto de crema y la clara. Tapizar un molde alargado con papel metalizado, cubrir la base con espinaca, colocar sobre ella los filetes procesados, distribuir encima algo de espinaca, luego el salmón, nuevamente espinaca y por último los filetes procesados, cubrir bien la preparación y cocinar en horno moderado a baño de María durante 40 minutos. Dejar pasar el calor fuerte y desmoldar.

Para salsear la **terrine:** *PONER EN UN BOL 5 CUCHARADAS DE MAYONESA, COLOCAR A BAÑO DE MARÍA Y BATIR MIENTRAS SE AGREGAN 4 CUCHARADAS DE JUGO DE LIMÓN Y 1/2 CUCHARADA DE HIERBAS FRESCAS PICADAS.*

Para completar el menú: PAVO CON MOUSSE DE ESPÁRRAGOS (pág. 149) y HELADO CON MACEDONIA DE FRUTAS.

Si usted tiene **1 caja de puré en copos
1 lata de caballa**

*T*orta marina

PORCIONES
6

PREPARACIÓN
12 minutos

COCCIÓN
30 minutos

INGREDIENTES

Puré en copos, *1 caja*

Huevos, *2*

Harina leudante,
4 cucharadas

Perejil picado,
2 cucharadas

Caballa, *1 lata*

Huevos duros, *2*

Preparar el puré siguiendo las indicaciones del envase, dejar entibiar, agregar los huevos, la harina y el perejil. En un molde de bizcochuelo de 20 cm de diámetro enmantecado y enharinado, tapizada la base con papel manteca o metalizado, colocar la mitad de la preparación. Desmenuzar la caballa, acomodarla sobre la preparación, colocar los huevos duros cortados en rodajas y cubrir con el resto de la preparación. Rociar con manteca fundida y cocinar a baño de María 30 minutos, dejar pasar el calor fuerte y desmoldar. Servir con arvejas salteadas y una salsa bechamel liviana.

Variantes: *SE PUEDE UTILIZAR PURÉ EN COPOS DE DIFERENTE SABOR Y CAMBIAR LA CABALLA POR ATÚN, JAMÓN O POLLO COCIDO.*

Para completar el menú: *ENSALADA NATALIA (pág. 70) y FRUTA.*

Si usted tiene **1 paquete de filetes de trucha sin espinas**

*T*rucha con salsa de alcaparras

 PORCIONES
4

 PREPARACIÓN
15 minutos

 COCCIÓN
18 a 20 minutos

INGREDIENTES

Truchas, *1 paquete*
Manteca, *60 g*
Harina, *1 cucharada colmada*
Caldo de verdura, *250 cc*
Crema de leche, *200 g*
Yemas, *2*
Alcaparras, *2 cucharadas*
Vino blanco, *3 cucharadas*
Sal y pimienta, *a gusto*

Acomodar las truchas en una fuente para horno enmantecada, rociarlas con 2 cucharadas de manteca fundida y cocinarlas tapadas 6 minutos. Aparte, mezclar el resto de la manteca con la harina, el caldo y la crema, cocinar revolviendo hasta que rompa el hervor y tome consistencia de salsa. Agregar las yemas revolviendo con batidor, las alcaparras y el vino, condimentar con sal y pimienta, verter sobre el pescado y proseguir la cocción 10 a 12 minutos más.

Variantes: *PARA ESTE PLATO SE PUEDEN UTILIZAR BASTONES O MEDALLONES DE PESCADO, SALMÓN AHUMADO O CINTITAS DE KANIKAMA.*

Para completar el menú: *TARTINAS DE CHAMPIÑÓN (pág. 38) y POSTRE MARRONS (pág. 284).*

Carnes rojas

Si usted tiene **bifes de ternera, 1 lata de salsa pomarola**
1 lata de choclo en grano
1 lata de papines

Bifes a la criolla

 PORCIONES
5

 PREPARACIÓN
10 minutos

COCCIÓN
35 minutos

INGREDIENTES

Aceite, *2 cucharadas*

Bifes de cuadril, *5*

Sal y pimienta, *a gusto*

Salsa pomarola, *1 lata*

Papines, *1 lata*

Choclo, *1 lata*

Cubitos de calabaza, *1 taza*

Vino blanco, *1/2 vaso*

Cubo de caldo de carne, *1*

Ajo y perejil, *2 cucharadas*

Rociar con el aceite una cazuela, acomodar los bifes condimentados con sal y pimienta, cubrir con unas cucharadas de salsa. Acomodar los papines cortados en mitades, el choclo y los cubos de calabaza, rociar con el vino, el cubo de caldo diluido en 300 cc de agua y el ajo y perejil. Cocinar tapado a fuego suave 35 minutos, moviendo de vez en cuando el recipiente; si a los 25 minutos tuviera demasiado líquido, proseguir la cocción con el recipiente destapado.

Nota: SI LA CARNE NO ES DEMASIADO TIERNA, SE PUEDE MARINAR 20 MINUTOS ANTES DE COCINARLA, CUBIERTA CON LECHE O VINAGRE.

Para completar el menú: GRATÍN DE CHAUCHAS (pág. 207) y SAVARÍN MARISCAL (pág. 291).

Si usted tiene **1 trozo de *roast beef* o cuadril vegetales congelados**

*B*lanqueta de roast beef

 PORCIONES
5

PREPARACIÓN
20 minutos

COCCIÓN
60 minutos

INGREDIENTES

Roast beef sin hueso o
cuadril, *1 kilo*
Ramito compuesto, *1*
Cebolla, *1*
Manteca, *50 g*
Harina, *2 cucharadas*
Leche, *500 cc*
Sal, pimienta y nuez
moscada, *a gusto*
Vegetales congelados:
Chauchas o jardinera,
1 paquete

Desgrasar la carne. Hacer hervir agua con sal y el ramito compuesto; agregar la carne, cocinar hasta que esté tierna, escurrirla y acomodarla en una fuente para horno. Picar la cebolla y cocinarla en la manteca, agregar la harina, la leche y 500 cc del caldo de cocción de la carne, cocinar revolviendo hasta formar una crema, condimentar con sal, pimienta y nuez moscada. Colocar alrededor de la carne los vegetales previamente pasados por el caldo de la carne durante un minuto, cubrir todo con la salsa y cocinar en horno moderado 25 minutos. Espolvorear con perejil picado.

Variantes: *SE PUEDE UTILIZAR OTRO TIPO DE CARNE, COMO COLITA DE CUADRIL Y ENRIQUECER CON OTROS VEGETALES CONGELADOS, RAMITOS DE BRÓCOLI O REPOLLITOS DE BRUSELAS.*

Para completar el menú: *ENSALADA ESPECIAL DE REPOLLO (pág. 68) y BUDÍN DE BATATA (pág. 260).*

> *Si usted tiene* **1 kilo de carne de ternera en un trozo**
> **1 lata de jardinera de verduras**
> **cebollitas en vinagre**

*B*oeuf a la mode

PORCIONES
5

PREPARACIÓN
18 minutos

COCCIÓN
45 a 50 minutos

INGREDIENTES

Carne de tenera en un
trozo, *1 kilo*
(peceto, paleta, cuadril,
etc.)
Panceta fresca en un trozo,
100 g
Sal, pimienta y aceite,
a gusto
Vino blanco, *1 vaso*
Coñac, *1 copita*
Cubos de caldo de carne, *2*
Hierbas frescas,
2 cucharadas
Extracto de carne,
1/2 cucharada
Jardinera de verduras,
1 lata

Mechar la carne con tiritas de panceta, frotarla con sal y pimienta y dorarla en una cazuela con 4 cucharadas de aceite. Rociarla con el vino y el coñac, cubrirla con los cubos de caldo de carne diluidos en agua caliente, agregar ramitas de hierbas frescas (orégano, laurel y tomillo) o hierbas secas y el extracto. Cocinar a fuego suave hasta que la carne esté tierna (aproximadamente 45 minutos), incorporar la jardinera y cocinar 5 minutos más.

Nota: SI LA SALSA ESTUVIERA MUY LÍQUIDA, RETIRAR LA CARNE, CORTARLA EN TAJADAS Y ESPESAR CON 1 CUCHARADITA COLMADA DE FÉCULA DILUIDA EN 4 O 5 CUCHARADAS DE AGUA FRÍA.

Para completar el menú: PERLAS DE MELÓN CON PALMITOS (pág. 34) y BUDÍN DE BATATA (pág. 260).

Si usted tiene **bondiola de cerdo**
1 lata de chucrut
1 lata de papines

*B*ondiola de Francfort

PORCIONES
5

PREPARACIÓN
10 minutos

COCCIÓN
50 minutos

INGREDIENTES

Bondiola de cerdo, *1 kilo*

Sal y pimienta, *a gusto*

Mostaza, *1 cucharada*

Azúcar negra o rubia,
3 cucharadas

Naranjas, *2*

Vino blanco, *1 vaso*

Jengibre (optativo),
1 cucharadita

Chucrut, *1 lata*

Papines, *1 lata*

Panceta ahumada en un
trozo, *100 g*

Frotar la carne con sal y pimienta. Tapizar una fuente de horno con papel metalizado, colocar la carne. Mezclar la mostaza con el azúcar, el jugo de las naranjas, el vino y, si le agrada, el jengibre, verter sobre la carne. Enjuagar el chucrut y colocar alrededor de la carne, y distribuir los papines y la panceta cortada en tiritas finas, rociar con un hilo de aceite, cerrar el papel y cocinar en horno moderado durante 50 minutos.

Variante: LA CARNE SE PUEDE COCINAR SOBRE FUEGO EN UNA CAZUELA: UNTARLA CON LA MEZCLA DE AZÚCAR NEGRA, AGREGAR EL CHUCRUT, PAPINES Y PANCETA Y COCINAR PRIMERO 5 MINUTOS A FUEGO FUERTE Y LUEGO A FUEGO SUAVE CON LA CAZUELA TAPADA. SI FUERA NECESARIO, AGREGAR MÁS AGUA O CALDO DURANTE LA COCCIÓN.

Para completar el menú: PERLAS DE MELÓN CON PALMITOS (pág. 34) y ENSALADA DE CÍTRICOS (pág. 267).

Si usted tiene **4 chorizos blancos**
1 paquete de sopa crema de cebollas

*B*udín germano

PORCIONES
5

PREPARACIÓN
12 minutos

COCCIÓN
40 minutos

INGREDIENTES

Chorizos blancos, 4

Huevos, 3

Leche, *350 cc*

Cerveza, *250 cc*

Mostaza, *2 cucharaditas*

Sopa crema de cebollas,
1 paquete

Cocinar los chorizos en agua hirviendo 2 a 3 minutos, escurrirlos y cortarlos en rodajas. Batir ligeramente los huevos, mezclar con la leche, la cerveza, la mostaza y la sopa crema, agregar los chorizos y colocar en un molde savarín enmantecado o aceitado y cubierta la base con papel manteca o metalizado. Cocinar a baño de María en horno moderado durante 35 minutos, dejar pasar el calor fuerte y desmoldar. Servir acompañado de arroz blanco y, si se desea, con una salsa pomarola.

Nota: ESTE PLATO SE PUEDE PREPARAR CON LOS CHORIZOS ASADOS.

Para completar el menú: MINESTRA DE VERDURAS (pág. 209) y DURAZNOS EN ALMÍBAR.

Si usted tiene **1 trozo de carne de cerdo**
1 bandeja de zanahoria rallada
1 frasco de alcaparras y anchoas en aceite

*C*arré *con salsa*
rémoulade

 PORCIONES
5

 PREPARACIÓN
10 minutos

 COCCIÓN
25 minutos

INGREDIENTES

Carré de cerdo, *600 g*
Sal, pimienta y romero,
a gusto
Manteca y aceite,
cantidad necesaria
Zanahoria rallada,
1 bandeja
Cebollas de verdeo, *3*
Alcaparras, *2 cucharadas*
Perejil picado, *1 cucharada*
Anchoas, *3*
Mayonesa, *200 g*
Crema de leche, *50 g*

Atar la carne para que mantenga la forma, condimentarla con sal, pimienta y hojas de romero, dorar la carne en la manteca y aceite. Agregar la zanahoria rallada y las cebollas cortadas en rodajitas, añadir algunos granos de pimienta y rociar con 3/4 litro de agua caliente, si lo desea, con 1 cubo de caldo de carne. Cocinar a fuego suave hasta que la carne esté tierna. Cortar la carne en rodajas cubrir con la salsa *rémoulade* y acompañar con ensalada especial de repollo.

Salsa rémoulade: LICUAR O PROCESAR LAS ALCAPARRAS, EL PEREJIL Y LAS ANCHOAS CON LA MAYONESA Y LA CREMA.

Nota: PUEDE UTILIZAR COSTILLITAS DE CERDO, ASARLAS Y ACOMPAÑARLAS CON LA SALSA RÉMOULADE.

Para completar el menú: MORRONES RELLENOS A LA MILANESA *(pág. 53)* Y FRUTAS EN ALMÍBAR.

*C*olita de cuadril a la sal con crema de queso

PORCIONES

4

PREPARACIÓN

12 minutos

COCCIÓN

35 a 40 minutos

INGREDIENTES

Colita de cuadril,
3/4 kilo
Mostaza, 1 cucharada
Hierbas, 1 cucharada
Sal gruesa, 3/4 kilo
Harina, 100 g
Crema de queso sabor
cebolla, 1 pote
Leche, *cantidad necesaria*

Untar la colita de cuadril con mostaza y distribuir encima las hierbas. Mezclar aparte la sal con la harina y humedecer ligeramente con agua. Colocar la mitad de la sal en una fuente, apoyar la carne y cubrirla con el resto de sal, cocinar en horno de temperatura más bien caliente 35 a 40 minutos. Dejar pasar el calor fuerte, retirar la sal y cortar la carne en tajadas. Pisar la crema de queso y agregar lentamente leche caliente hasta formar una crema, salsear la carne y acompañar con el contenido de 1 lata de arvejas o de chauchas a la manteca.

Nota: *SI LE AGRADA LA CARNE MÁS COCIDA, AUMENTE LOS MINUTOS DE COCCIÓN. PUEDE SERVIR LA CARNE CALIENTE O FRÍA; SI LA UTILIZA FRÍA SALSEAR CON MAYONESA ALIGERADA CON JUGO DE LIMÓN Y 1 CUCHARADA DE VERMUT.*

Para completar el menú: *PAPAS A LA CREMA (pág. 54) y DURAZNOS RELLENOS MERENGADOS (pág. 266).*

Costillas de cordero a la Villeroi

PORCIONES
5

PREPARACIÓN
20 minutos

COCCIÓN
25 minutos

INGREDIENTES

Costillas de cordero, 5
Vino blanco, 1/2 vaso
Aceite, sal y pimienta,
a gusto
Puré en copos, 1 caja
Pan rallado, 3 tazas
Huevos, 2

Desgrasar las costillas y cocinarlas en horno moderado durante 25 minutos rociadas con el vino y unos hilos de aceite, luego escurrirlas y condimentarlas con sal y pimienta. Preparar el puré siguiendo las indicaciones del envase pero con 1 taza menos de líquido. Colocar sobre una placa espolvoreada con pan rallado 5 cucharadas de puré caliente, apoyar encima la parte carnosa de la costilla y cubrir con el puré. Dejarlo enfriar y pasar primero por pan rallado ajustando el puré, luego pasar por huevo batido y por último por pan rallado nuevamente; freír en aceite caliente.

Nota: SI EL HUESO DE LA COSTILLA ES DEMASIADO LARGO PARA QUE ENTRE EN LA SARTÉN, CORTARLE UN TROZO. LAS CLÁSICAS COSTILLAS A LA VILLEROI SE PREPARAN CON SALSA BECHAMEL, PERO CON PURÉ SE SIMPLIFICA LA TAREA.

Para completar el menú: ENSALADA DE MAYONUEZ (pág. 63) y TARTA DE DURAZNOS (pág. 293).

Si usted tiene **costillitas de cerdo
1 lata de morrones
1 lata de salsa pomarola**

*C*ostillitas de cerdo a la riojana

 PORCIONES
4

 PREPARACIÓN
8 minutos

 COCCIÓN
8 minutos

INGREDIENTES

Costillitas de cerdo, 8

Sal y pimienta,
cantidad necesaria

Salsa pomarola, *1 lata*

Vino blanco, *1/2 vaso*

Morrones, *1 lata*

Huevos, 4

Tostadas, 8

Desgrasar las costillas y condimentar con sal y pimienta, freírlas en aceite o asarlas, acomodarlas en una sartén. Agregar la salsa, el vino y los morrones cortados en tiras y cocinar 2 minutos; formar 4 huecos, cascar los huevos, condimentarlos con sal y cocinar hasta que la clara coagule y la yema resulte jugosa. Servir acompañado con tostadas.

Variante: *SE PUEDE AGREGAR A LA SALSA, CORAZONES DE ALCAUCILES EN ACEITE CORTADOS EN CUARTOS O 1 LATA DE CHAUCHAS O ARVEJAS.*

Para completar el menú: *SOPA CREMA DE VEGETALES (pág. 168) y BUDÍN DE PAN SIN HORNO (pág. 261).*

Si usted tiene **4 costillitas de cerdo**
1 lata de paté

$\mathcal{C}$ostillitas de cerdo rellenas a la mostaza

 PORCIONES
4

 PREPARACIÓN
12 minutos

COCCIÓN
25 a 30 minutos

INGREDIENTES
Costillitas de cerdo
gruesas, *4*
Lata de paté, *1*
Sal y pimienta, *a gusto*
Aceite, *4 cucharadas*
Vino blanco, *1 vaso*
Mostaza, *1 cucharada
colmada*
Caldo de carne, *1 taza*

Abrir las costillas en la mitad formando una bolsa. Colocar 1/2 cucharada de paté dentro de cada costilla, cerrarlas y sujetarlas con un palillo, condimentarlas con sal y pimienta. Dorarlas en el aceite y desglasarlas con el vino, agregar la mostaza diluida en el caldo y el resto de paté. Cocinar tapado a fuego lento 20 minutos. Acompañar con chucrut.

Variantes: SE PUEDE UTILIZAR PATÉ DE FOIE A LA PIMIENTA O AL CHAMPIÑÓN, O PATÉ DE CERDO. ENRIQUECER EL PLATO INCORPORANDO 1 LATA O FRASCO DE CHAMPIÑONES AL NATURAL.

Para completar el menú: BUDÍN DE ESPINACA (pág. 202) y TARTA DE DURAZNOS (pág. 293).

$\mathcal{C}$uadril a la cacerola con crema de choclo

 PORCIONES
4 a 5

 PREPARACIÓN
8 minutos

 COCCIÓN
40 a 45 minutos

INGREDIENTES

Colita de cuadril, *1*
Sal y pimienta, *a gusto*
Mostaza, *1 cucharada*
Panceta ahumada, *100 g*
Leche, *650 cc*
Cubo de caldo de carne, *1*
Choclo, *1 lata*
Crema de leche, *100 g*
Fécula de maíz,
1/2 cucharada

Condimentar la colita con sal y pimienta, untarla con la mostaza y envolverla con las tajadas de panceta, atar la carne para sujetar la panceta. Colocar en una cazuela 4 cucharadas de aceite y dorar la carne, rociar con la leche y agregar el cubo de caldo, cocinar tapado a fuego lento 25 minutos, agregar el choclo y la crema de leche, proseguir la cocción 10 minutos más. Retirar la carne y cortarla en rodajas. Diluir la fécula en un poco de agua o leche fría y agregar al fondo de cocción, cocinar revolviendo hasta que tome consistencia cremosa.

Variantes: *PUEDE CAMBIAR EL SABOR DE LA SALSA REMPLAZANDO LA LATA DE CHOCLO POR 1 FRASCO DE CHAMPIÑONES O 1 LATA DE ARVEJAS O DE RAMITOS DE BROCOLI.*
OTRA FORMA DE PREPARAR LA COLITA ES MECHAR LA CARNE CON LAS TIRAS DE PANCETA Y COCINARLA EN EL MISMO MEDIO LÍQUIDO AL HORNO.

Para completar el menú: *EMPAREDADOS DE MORRONES A LA ALBAHACA (pág. 25) y ENSALADA DE FRUTAS.*

Si usted tiene **bifes de nalga, paleta o cuadril**
leverwurst

*C*uadril al paté

 PORCIONES
5

 PREPARACIÓN
15 minutos

 COCCIÓN
25 minutos

INGREDIENTES

Bifes de nalga, cuadril o
paleta, 5

Sal, pimienta y harina,
cantidad necesaria

Cebolla mediana, 1

Aceite, *4 cucharadas*

Leberwurst, *400 g*

Vino blanco, *1 vaso*

Cubo de caldo de carne, *1*

Condimentar los bifes con sal y pimienta, pasarlos por harina o fécula. Colocar en una cazuela la cebolla cortada en rodajitas finas, acomodar encima la carne, rociar con el aceite. Pelar el paté y cortarlo en rodajas finas, rociar con el vino, cocinar 2 minutos y agregar el cubo de caldo diluido en 1 taza de agua hirviendo, proseguir la cocción a fuego lento, con el recipiente tapado.

Variante: REEMPLAZAR EL LEVERWURST POR CUALQUIER OTRO PATÉ DE LATA, ENRIQUECIÉNDOLO CON 50 G DE NUECES PICADAS.

Para completar el menú: TOMATES DE CÁDIZ (pág. 39) y COPAS DE CREMA ROSADA (pág. 264).

Si usted tiene **1 colita de cuadril**
1 paquete de sopa crema de cebolla
vegetales congelados

C uadril con salsa y vegetales

 PORCIONES
7

 PREPARACIÓN
12 minutos

 COCCIÓN
45 minutos

INGREDIENTES

Colita de cuadril,
1 kilo
Mostaza, *1 cucharada*
Sopa crema de cebolla,
1 paquete
Vegetales congelados
(brócoli, zanahorias,
chauchas),
cantidad necesaria
Vino blanco, *1 vaso*
Caldo o agua, *300 cc*

Untar la carne con la mostaza y acomodarla sobre un rectángulo de papel sobre una asadera. Espolvorear con la mitad de la sopa crema, distribuir a los costados los vegetales, espolvorearlos con el resto de sopa y rociar con el vino y el caldo o agua, levantando los extremos del papel para que no se caiga el líquido. Cerrar el papel y cocinar en horno moderado 45 minutos, servir la carne cortada con los vegetales y el jugo de cocción.

Nota: *SE PUEDE UTILIZAR VEGETALES FRESCOS EN LUGAR DE LOS CONGELADOS. SI EMPLEA LAS BANDEJITAS CON VEGETALES CORTADOS, DESPUÉS DE COCIDOS, PROCESARLOS CON EL JUGO DE COCCIÓN Y UTILIZAR COMO SALSA PARA LA CARNE.*

Para completar el menú: *SOPA IMPERIAL DE LENTEJAS (pág. 170) y TORTA EXPRESS DE MANZANAS (pág. 294).*

Si usted tiene **6 chorizos blancos**
1 lata de salsa pomarola

*C*horizos a la pomarola

 PORCIONES
6

 PREPARACIÓN
10 minutos

 COCCIÓN
25 a 30 minutos

INGREDIENTES

Chorizos, 6
Salsa pomarola, *1 lata*
Vino blanco, *1 vaso*
Ajo y perejil,
1 cucharada

Pinchar los chorizos y cocinarlos 5 minutos en agua hirviendo para desgrasarlos. Calentar la salsa con el vino y el ajo y el perejil, escurrir los chorizos y colocarlos dentro de la salsa. Cocinar tapado a fuego lento 20 a 25 minutos. Servir con arroz blanco a la manteca.

Nota: ACOMPAÑAR CON HÉLICES SABROSAS (PÁG. 50).

Para completar el menú: SOPA CREMA DE VEGETALES (pág. 168) y TORTA EXPRESS DE MANZANA (pág. 294).

Si usted tiene **3/4 kilo de bola de lomo para milanesas**
salchichas de Viena
1 lata de pomarola

*I*nvoltini *coloridos*

PORCIONES
8

PREPARACIÓN
15 minutos

COCCIÓN
30 minutos

INGREDIENTES

Bola de lomo para
milanesas, *3/4 kilo*
Sal y pimienta, *a gusto*
Huevos, *2*
Queso rallado, *cantidad
necesaria*
Perejil, *2 cucharadas*
Salchichas, *8*
Salsa pomarola, *1 lata*
Vermut, *1/2 copa*
Aceite, *5 cucharadas*

Condimentar los bifes con sal y pimienta. Mezclar los huevos con el queso rallado y el perejil, distribuir sobre cada bife. Colocar en un extremo de la carne 1 salchicha y arrollar, sujetar con un palillo. Calentar la salsa con el vermut, dorar ligeramente los *involtini* en el aceite y colocarlos dentro de la salsa, cocinar, tapado, a fuego lento 25 a 30 minutos. Si fuera necesario agregar a la salsa agua o caldo. Si se desea aumentar la preparación, incorporar 1 lata de arvejas.

Variante: *PUEDE SUPLANTAR LAS SALCHICHAS POR 1 RODAJA DE JAMÓN O FIAMBRE DE PALETA.*

Para completar el menú: *EMPAREDADOS DE MORRONES A LA ALBAHACA (pág. 25) y FRUTILLAS CON CREMA.*

$\mathcal{E}$scalopes con jamón a la crema de azafrán

PORCIONES
4

PREPARACIÓN
6 minutos

COCCIÓN
15 minutos

INGREDIENTES

Bifes finos de nalga, paleta
o bola de lomo, 4
Sal, pimienta y harina,
cantidad necesaria
Jamón crudo, 4 *rodajas*
Manteca y aceite, *a gusto*
Romero, 4 *ramitas*
Vino blanco, *1/2 vaso*
Crema de leche, *200 g*
Azafrán, *1 cucharadita*
Arvejas, *1 lata*

Aplanar la carne y condimentarla con poca sal y pimienta, colocar sobre cada bife el jamón y la ramita de romero, sujetar con palillos. Pasar los escalopes por harina y dorarlos en 30 g de manteca y 2 cucharadas de aceite, rociar con el vino para desglasar, agregar la crema con el azafrán y condimentada con sal y pimienta, añadir las arvejas y cocinar 10 minutos a fuego suave. Acompañar con puré *soufflé*.

Variantes: SE PUEDE SUPRIMIR EL JAMÓN Y EL ROMERO Y UTILIZAR PARA LA SALSA 250 CC DE LECHE MEZCLADA CON 1/2 CUCHARADA DE HARINA.

Para completar el menú: PIZZA AL PATÉ *(pág. 232)* Y FRUTA FRESCA.

Si usted tiene **5 escalopes de bola de lomo**
1 paquete de espinaca congelada
1 lata de atún

$\mathcal{E}$scalopes rellenos

 PORCIONES
5

 PREPARACIÓN
10 minutos

 COCCIÓN
15 minutos

INGREDIENTES

Escalopes de bola de
lomo, 5

Sal y pimienta, *a gusto*

Manteca, 25 g

Ajo, *1 diente*

Espinaca congelada,
1 paquete

Atún, *1 lata chica*

Harina y aceite, *a gusto*

Vino blanco, *1 vaso*

Cubo de caldo de carne, 1

Jugo y ralladura de limón,
a gusto

Aplanar bien la carne, es conveniente que sean bifes más bien grandes, condimentarlos con sal y pimienta. Aparte, dorar en la manteca el ajo, retirarlo y agregar la espinaca pasada previamente por agua hirviendo, escurrida y picada, saltearla y mezclar con el atún. Distribuir sobre cada mitad de escalope, luego doblar la carne encerrando el relleno, ajustar los bordes y sujetar con palillos. Pasar la carne por harina y dorar en el aceite; agregar el vino, el cubo de caldo y el jugo y ralladura de limón. Cocinar a fuego suave 10 a 12 minutos. Acompañar con puré de papas.

Nota: *SI LOS BIFES DE BOLA DE LOMO NO SON GRANDES UTILIZAR 2 PARA CADA ESCALOPE. SE PUEDE ENRIQUECER EL RELLENO CON HUEVO DURO PICADO, ACEITUNAS FILETEADAS Y PEREJIL PICADO.*

Para completar el menú: *PIZZETAS DE SARDINAS (pág. 240) y PERAS EN ALMÍBAR.*

Si usted tiene **1/2 kilo de bola de lomo**
páprika
1 lata de champiñones

oulasch

 PORCIONES
4

 PREPARACIÓN
12 minutos

 COCCIÓN
12 minutos

INGREDIENTES

Bola de lomo cortada fina,
1/2 kilo
Vinagre, sal y pimienta, *a
gusto*
Harina, *2 cucharadas*
Aceite, *4 cucharadas*
Cebollas, *2*
Tomate cubeteado, *1 lata*
Páprika, *1 cucharadita
colmada*
Jerez o vino blanco, *1/2
vaso*
Champiñones, *1 lata*

Cortar la carne en tiras finas, rociarla ligeramente con el vinagre y condimentarla con sal y pimienta, dejarla macerar unos minutos, luego escurrirla y espolvorearla con harina. Saltearla en el aceite junto con las cebollas picadas, agregar el tomate, condimentar con sal, agregar la páprika diluida en el jerez, y los champiñones. Cocinar 7 a 8 minutos para que la carne resulte jugosa; servirla acompañada con arroz blanco a la manteca.

Nota: SI A ESTE PLATO SE LE AGREGA 1 LATA DE SALSA DE TOMATE, SERVIRÁ PARA ACOMPAÑAR CUALQUIER TIPO DE PASTA.

Para completar el menú: ENSALADA TIBIA DE CHAUCHAS (pág. 72) y FRUTA.

Hamburguesas a la americana

 PORCIONES
4

 PREPARACIÓN
10 minutos

 COCCIÓN
18 minutos

INGREDIENTES

Hamburguesas, 4

Choclo cremoso, *1 lata*

Yemas, 2

Queso gruyere o similar
rallado, *4 cucharadas*

Sal, pimienta y nuez
moscada, *a gusto*

Cebolla rallada,
2 cucharadas

Asar las hamburguesas. Aparte, mezclar el choclo escurrido con las yemas y el queso rallado, condimentar con sal, pimienta y nuez moscada. Añadir la cebolla y cocinar unos minutos sobre fuego revolviendo con cuchara de madera hasta espesar. Salsear las hamburguesas, acompañar con papas fritas.

Variante: PREPARAR LAS HAMBURGUESAS A LA NAPOLITANA, ASARLAS BIEN JUGOSAS, CUBRIRLAS CON SALSA POMAROLA Y CON UN TROZO DE QUESO FRESCO, COLOCARLAS EN HORNO CALIENTE 10 A 12 MINUTOS.

Para completar el menú: EMPANADAS PROVENZAL (*pág. 250*) y MANZANAS RELLENAS EXPRESS (*pág. 273*).

$\mathcal{H}$amburguesas a la francesa

 PORCIONES
4

 PREPARACIÓN
12 minutos

 COCCIÓN
18 minutos

INGREDIENTES

Hamburguesas, *4*
Champiñones, *150 g*
Manteca, *30 g*
Sopa crema de hongos, *1 paquete*
Queso freso, *4 rodajas*

Asar las hamburguesas. Aparte, saltear los champiñones fileteados en la manteca. Preparar la sopa de crema siguiendo las indicaciones del envase pero con 560 cc de agua, mezclar con los champiñones. Cubrir las hamburguesas con el queso fresco y cubrir con la salsa preparada con la sopa crema.

Nota: ACOMPAÑAR LAS HAMBURGUESAS CON PAPAS NOISETTE CONGELADAS, COCIDAS EN MANTECA Y ACEITE Y ESPOLVOREADAS CON AJO Y PEREJIL.

Para completar el menú: BOCADOS ESPECIALES DE ALCAUCILES (pág. 201) y CRÊPES CON DULCE Y CREMA.

Si usted tiene **1 y 1/2 kilo de lomo**
1 masa rectangular de pascualina
1 lata de paté

*L*omo en croûte

PORCIONES
6 a 8

PREPARACIÓN
18 minutos

COCCIÓN
45 a 50 minutos

INGREDIENTES

Lomo, *1 y 1/2 kilo*
Sal y pimienta, *a gusto*
Paté de *foie*, *1 lata*
Panceta ahumada, *150 g*
Rectángulo de masa, *1*

Limpiar el lomo, condimentarlo con sal y pimienta; cocinarlo en horno caliente 18 a 20 minutos, dejarlo enfriar y untarlo con paté. Distribuir las fetas de panceta en el centro de la masa, colocar el lomo sobre la panceta y envolverlo con los extremos de la panceta. Levantar la masa y cubrir herméticamente el lomo, decorar con flores de la misma masa, pincelar con huevo y cocinar en horno más bien caliente 20 a 25 minutos.

Nota: ESTE PLATO TAMBIÉN SE PUEDE PREPARAR COCINANDO LOS BIFES DE LOMO EN FORMA INDIVIDUAL, UNTARLOS CON PATÉ, ENVOLVERLOS EN LA PANCETA Y COCINARLOS DENTRO DE 2 TAPAS DE EMPANADAS.

Para completar el menú: BUDÍN DE ESPINACA (pág. 202) y CRÊPES DE MANZANA AL CARAMELO (pág. 265).

Si usted tiene **1 paquete de mondongo precocido**
1 lata de garbanzos

*M*ondongo a la andaluza

PORCIONES
5 a 6

PREPARACIÓN
15 minutos

COCCIÓN
45 minutos

INGREDIENTES

Mondongo, *1 paquete de 1 kilo*
Salsa portuguesa, *1 lata*
Vino blanco, *1 vaso*
Chorizo colorado, *1*
Azafrán, *1 cucharadita*
Ajo, *3 dientes*
Pan tostado, *2 rebanadas*
Sal, pimienta y comino, *a gusto*
Garbanzos, *1 lata*

Colocar el mondongo en una cacerola, cubierto con agua, hacer hervir hasta que comience a tiernizarse, agregar la salsa portuguesa, el vino y el chorizo cortado en rodajas. Machacar en un mortero o procesodora el azafrán, los dientes de ajo y el pan tostado, agregar a la preparación y condimentar con sal, pimienta y una pizca de comino. Incorporar los garbanzos y cocinar a fuego lento hasta que los ingredientes están tiernos. Se obtiene una preparación espesa pero jugosa.

Variante: SI LO DESEA, PUEDE COCINAR 200 G DE PANCETA SALADA CON EL MONDONGO, Y AGREGAR DESPUÉS EL CONTENIDO DE 1 LATA DE PAPINES Y 1 LATA DE POROTOS.

Para completar el menú: SOPA PAVESA (*pág. 172*) y HELADO DE VAINILLA SOBRE CRÊPES CON SALSA DE CHOCOLATE.

Si usted tiene **1 paquete de hamburguesas congeladas**

Nidos de hamburguesas

 PORCIONES
4

 PREPARACIÓN
12 minutos

 COCCIÓN
18 minutos

INGREDIENTES

Tostadas de pan lácteo, *4*

Hamburguesas, *4*

Puré de papas instantáneo,
1 paquete

Jamón, *100 g*

Huevos, *4*

Asar las hamburguesas, acomodarlas sobre las tostadas. Preparar el puré siguiendo las indicaciones del envase y formar sobre las hamburguesas un zócalo alto. Rellenar los huecos con el jamón picado y los huevos cascados, condimentar con sal y cocinar en horno moderado hasta que la clara esté cocida y la yema tierna.

Variante: *LOS HUECOS DEL PURÉ SE PUEDEN RELLENAR CON SALSA DE TOMATE, CHOCLO Y CUBOS DE QUESO O MOZZARELLA.*

Para completar el menú: *GRATÍN DE CHAUCHAS (pág. 207) Y RAVIOLES DULCES (pág. 288).*

Si usted tiene **1/2 kilo de carne picada**
1 paquete de sopa crema de cebolla

$\mathcal{P}$an especial de carne

 PORCIONES
5

 PREPARACIÓN
15 minutos

 COCCIÓN
40 minutos

INGREDIENTES

Carne picada, *1/2 kilo*

Sopa crema de cebolla,
1 paquete

Huevo crudo, *1*

Perejil y orégano picados,
2 cucharadas

Miga de pan, *1 taza*

Ají rojo, *1*

Huevos duros, *2*

Mezclar con la mano o en la batidora la carne con la sopa crema, el huevo, el perejil, el orégano y la miga remojada en leche, exprimida y picada. Colocar una porción de carne sobre una placa aceitada, darle forma alargada y distribuir en el centro tiritas finas de ají y mitades de huevos duros, cubrir con el resto de carne dándole forma de pan. Espolvorear con 2 cucharadas de pan rallado mezclado con 1 cucharada de queso rallado, rociar con hilos de aceite y cocinar en horno moderado durante 40 minutos. Verificar la cocción y salsear, si se desea, con salsa pomarola.

Nota: *SE PUEDE COCINAR EL PAN DE CARNE DENTRO DE UN MOLDE RECTANGULAR DE BUDÍN INGLÉS.*

Para completar el menú: *PURÉ SOUFFLÉ (pág. 56), ENSALADA VERDE Y NARANJA (pág. 74) y FRUTA DE ESTACIÓN.*

Si usted tiene **harina de maíz de cocimiento rápido
1 lata de salsa portuguesa
1/2 kilo de carne picada y 1 lata de choclo**

℗astel criollo de maíz

 PORCIONES
5

 PREPARACIÓN
20 minutos

🕐 **COCCIÓN**
25 minutos

INGREDIENTES
Harina de maíz, *1 taza*
Agua y leche, *3 tazas*
Manteca, *50 g*
Sal y pimienta, *a gusto*
Carne picada, *1/2 kilo*
Aceite, *3 cucharadas*
Salsa portuguesa, *1 lata*
Choclo, *1 lata*
Huevos, *2*
Crema de leche, *100 g*
Queso fontina rallado, *4*
cucharadas

Verter la harina de maíz en forma de lluvia sobre el agua y leche hirviendo con la manteca, mezclar con cuchara de madera y condimentar con sal y pimienta. Aparte, saltear la carne con el aceite, para separarla bien rociarla con 3 o 4 cucharadas de agua hirviendo, añadir la mitad de la salsa portuguesa y cocinar a fuego suave 5 minutos. Condimentar con poca sal y pimienta, agregar el choclo escurrido. Sobre una tartera aceitada extender la polenta con ayuda de una cuchara humedecida, cubrir con la carne. Batir ligeramente los huevos con la leche y el queso, condimentar con sal y pimienta, verter sobre la carne y cocinar en horno moderado 25 minutos.

Nota: *PARA ESTE PLATO SE PUEDE UTILIZAR HARINA DE MAÍZ SABORIZADA AL CHAMPIÑÓN.*

Para completar el menú: *GRATÍN DE CHAUCHAS (pág. 207) y FRUTA.*

Si usted tiene **8 salchichas alemanas**
1 caja de puré de papas con queso

$\mathcal{P}$astel express de salchichas

 PORCIONES
4

 PREPARACIÓN
15 minutos

COCCIÓN
25 minutos

INGREDIENTES

Salchichas, *8*
Cebolla, *1*
Yogur natural, *200 g*
Huevos, *2*
Salsa ketchup,
2 cucharadas
Sal, pimienta y mostaza,
a gusto
Queso rallado,
4 cucharadas
Puré de papas con queso,
1 caja

Cortar las salchichas en trozos, aco-modarlas en una fuente para horno. Mezclar la cebolla rallada con el yo-gur, los huevos, la salsa ketchup, sal, pimienta, 1 cucharadita de mostaza y el queso, verter sobre las salchichas. Cocinar 15 minutos en horno calien-te. Preparar el puré siguiendo las indicaciones del envase y distribuirlo sobre la preparación; gratinar en hor-no caliente.

Variantes: *LAS SALCHICHAS SE PUEDEN REEM-PLAZAR POR POLLO COCIDO, CARNE ENVASADA, JAMÓN COCIDO O ALGUNA LATA DE PESCADO O MA-RISCOS.*

Para completar el menú: *SOPA MINESTRÓN (pág. 171) y MASITAS DE FRUTAS (pág. 276).*

Si usted tiene **1 paquete de discos de pascualina**
1 paquete de salchichas

*P*astel vienés

 PORCIONES
6

 PREPARACIÓN
12 minutos

COCCIÓN
40 minutos

INGREDIENTES

Discos de pascualina,
1 paquete
Cebollas, 2
Manteca, *40 g.*
Miga de pan, *2 tazas*
Leche, *1 taza*
Queso rallado,
4 cucharadas
Salchichas, *1 paquete de 8*
Huevos, *3*
Sal, pimienta y mostaza,
a gusto

Tapizar una tartera enmantecada con el disco de masa. Aparte, rehogar la cebolla picada en la manteca, agregar la miga de pan remojada en la leche, añadir el queso rallado, las salchichas cortadas y los huevos. Condimentar con sal, pimienta y una cucharadita de mostaza, colocar dentro de la tarta, cubrir con el otro disco de masa, pincelar con huevo o leche y cocinar en horno moderado 35 a 40 minutos.

Nota: *PARA ENRIQUECER EL PASTEL SE PUEDE AGRE-GAR A LA PREPARACIÓN 1 TAZA DE ESPINACAS EXPRIMIDAS Y PICADAS Y ESPOLVOREAR EL DISCO DE MASA CON 50 G DE ALMENDRAS PELADAS Y FILETEADAS.*

Para completar el menú: *SOPA IMPERIAL DE LENTEJAS (pág. 170) y FRUTA.*

> *Si usted tiene* **1 y 1/2 kilo de matambre**
> **1 lata de salsa portuguesa**
> **1 mozzarella**

*P*izza de matambre

PORCIONES

5

PREPARACIÓN

12 minutos

COCCIÓN

30 minutos

INGREDIENTES

Matambre, *1 y 1/2 kilo*

Sal, *cantidad necesaria*

Salsa portuguesa, *1 lata*

Mozzarella, *150 g*

Aceitunas negras, *50 g*

Ají molido y orégano,

a gusto

Cocinar el matambre en agua hirviendo con sal, cuando esté tierno dejarlo enfriar en el mismo caldo, luego cortar en 5 porciones y acomodar en una fuente para horno. Cubrir con la salsa, tajadas de mozzarella y las aceitunas descarozadas, espolvorear con ají molido y orégano, gratinar en horno caliente hasta que la mozzarella se funda.

Nota: ACOMPAÑAR ESTE PLATO CON PURÉ SOUFFLÉ O CON PAPAS CONGELADAS FRITAS.

Para completar el menú: ENSALADA ESPECIAL DE REPOLLO (pág 68) y FRUTA.

Si usted tiene **1 tapa de pascualina rectangular**
1/2 kilo de carne picada
avena arrollada

R̃ollo suave de carne

 PORCIONES
6

 PREPARACIÓN
15 minutos

 COCCIÓN
18 a 20 minutos

INGREDIENTES

Tapa de pascualina
rectangular, *1*
Cebolla, *1*
Aceite, *4 cucharadas*
Ajo y perejil picados,
2 cucharadas
Carne picada, *1/2 kilo*
Vino blanco seco, *1 vaso*
Sal, pimienta y pimentón,
a gusto
Ricota, *250 g*
Avena arrollada,
5 cucharadas colmadas
Huevos, *2*

Estirar la masa sin que pierda la forma. Cocinar la cebolla picada en el aceite, agregar el ajo y perejil y la carne, saltearla y rociar con el vino. Condimentar con sal y pimienta y 1 cucharadita de pimentón, cocinar a fuego suave, tapado, 5 minutos. Retirar del fuego, mezclar con la ricota y 4 cucharadas de avena y huevo. Pincelar la masa con huevo y espolvorearla con el resto de avena; colocar en el centro el relleno, envolverlo con la masa y ajustar los extremos. Pincelar la parte superior con huevo y cocinar en horno moderado 18 a 20 minutos.

Variantes: *EL RELLENO SE PUEDE ENRIQUECER AGREGANDO 2 HUEVOS DUROS PICADOS O UTILIZANDO 300 G DE CARNE VACUNA Y 200 G DE CARNE DE CERDO O SALCHICHA SIN PIEL.*

Para completar el menú: *BUDÍN DE BATATA (pág. 260).*

Si usted tiene **peceto al horno o hervido**
mayonesa
1 lata de atún

Vitel thonné

 PORCIONES
8

 PREPARACIÓN
15 minutos

 COCCIÓN
35 minutos

INGREDIENTES

Peceto, *1 y 1/2 kilo*

Mayonesa, *400 g*

Atún, *1 lata*

Anchoas, *5*

Limón, *1*

Alcaparras (optativo),
3 cucharadas

Huevos duros, *2*

Cocinar el peceto, si es hervido dejar-lo enfriar en el mismo caldo, cuando esté frío cortarlo en rodajas finas. Licuar la mayonesa con el atún, las anchoas y el jugo de limón. Armar la fuente, untando cada rodaja de carne con la pasta de atún, espolvorear con las alcaparras y los huevos picados.

Nota: *EL* VITEL THONNÉ *SE PUEDE PREPARAR CON OTROS CORTES DE CARNE COMO PALOMITA, UN TROZO DE CUADRIL, PALETA O NALGA. ES CONVENIENTE ATAR LAS CARNES ANTES DE COCINARLAS PARA QUE MANTENGAN LA FORMA.*

Para completar el menú: SPAGHETTI ALLA CARBONARA *(pág. 180) y FRUTA.*

Aves

Si usted tiene **1 bandeja de presitas de pollo**
1 lata de chucrut
1 lata de tomate cubeteado

*C*azuela de pollo a la alemana

 PORCIONES
5

 PREPARACIÓN
20 minutos

 COCCIÓN
45 minutos

INGREDIENTES

Presas de pollo, *1 bandeja*
Fécula de maíz,
3 cucharadas
Sal y pimienta, *a gusto*
Aceite, *3 cucharadas*
Ajo, *1 diente*
Tomate cubeteado, *1 lata*
Manzana Granny Smith, *1*
Cubo de caldo de ave, *1*
Chucrut, *1 lata*
Kummel, *1 cucharadita*

Pasar las presas por la fécula, condimentarlas con sal y pimienta. Calentar el aceite en una cazuela, dorar el ajo y agregar el tomate y la manzana pelada y cortada. Acomodar las presas de pollo, mezclar y agregar 2 tazas de agua hirviendo con el cubo de caldo, tapar y cocinar 20 minutos. Escurrir el chucrut, enjuagarlo con agua y acomodarlo sobre el pollo, espolvorear con kummel y proseguir la cocción a fuego lento 25 minutos.

Nota: CON EL POLLO SE PUEDE SALTEAR 150 G DE PANCETA AHUMADA CORTADA EN TROCITOS. SI NO LE AGRADA EL KUMMEL, AGREGUE 1 CUCHARADITA DE PÁPRIKA.

Para completar el menú: SOPA CREMA DE VEGETALES (pág. 168) y COPAS DE CREMA ROSADA (pág. 264).

Si usted tiene **1 pollo**
1 paquete de papas *noisette*
1 pote de crema

*C*azuela de pollo a la crema de curry

 PORCIONES
5
 PREPARACIÓN
10 minutos
 COCCIÓN
40 minutos

INGREDIENTES

Pollo, *1*
Cebolla, *1*
Sal y pimienta, *a gusto*
Aceite, *4 cucharadas*
Coñac, *1/4 de vaso*
Vino blanco, *1 vaso*
Crema de leche, *200 g*
Curry, *1 cucharadita*
Papas *noisette, 1 paquete*

Cortar el pollo en presas chicas y la cebolla en rodajas, condimentar el pollo con sal y pimienta y saltearlo en aceite junto con la cebolla. Rociar con el coñac y el vino y cocinar a fuego suave con la cazuela tapada. Condimentar la crema con sal, pimienta y el curry. Sumergir las papas en agua hirviendo con sal; precocidas, agregarlas a la cazuela con 1/2 taza del agua de cocción. Rociar con la crema y finalizar cocinando a fuego lento hasta que el pollo y las papas estén tiernos.

Nota: PARA ESTE PLATO SE PUEDEN UTILIZAR PECHUGAS CONGELADAS O POLLOS TROZADOS; SI LAS PRESAS FUERAN GRANDES, CORTARLAS EN 2 o 3 PARTES.

Para completar el menú: MOZZARELLA IN CARROZZA (pág. 29) y ENSALADA DE FRUTAS EN ALMÍBAR.

Si usted tiene **1 pollo deshuesado**
panceta ahumada
mozzarella

*C*ima de pollo

PORCIONES

6

PREPARACIÓN

18 minutos

COCCIÓN

45 minutos

INGREDIENTES

Pollo deshuesado, *1*

Sal y pimienta, *a gusto*

Panceta ahumada, *150 g*

Jamón cocido, *150 g*

Mozzarella, *150 g*

Huevos duros, *2*

Gelatina sin sabor, *7 g*

Abrir el pollo, condimentarlo con sal y pimienta, acomodar en la mitad la panceta y el jamón cortados en tiras, distribuir los huevos duros cortados en cuartos y espolvorear con la gelatina. Cubrir el relleno con la otra parte del pollo y sujetar con palillos, envolver con papel metalizado y cocinar en horno moderado durante 45 minutos. Retirar el papel, sacar los palillos y servir cortado en rodajas salseado con salsa de mostaza.

Salsa de mostaza: COLOCAR SOBRE FUEGO 250 CC DE AGUA CON 1 CUBO DE CALDO DE AVE Y 1/2 CUCHARADA DE MOSTAZA EN GRANO. CUANDO ROMPA EL HERVOR, AGREGAR 1 CUCHARADITA COLMADA DE FÉCULA DILUIDA EN 4 o 5 CUCHARADAS DE VINO BLANCO. COCINAR REVOLVIENDO HASTA QUE ROMPA EL HERVOR.

Para completar el menú: BOCADOS ESPECIALES DE ALCAUCILES (pág. 201) y FRUTA.

Si usted tiene **4 tapas de empanadas
1/4 de pollo cocido sobrante
1 lata de salsa pomarola**

ℂhicken pies *individuales*

 PORCIONES
4

 PREPARACIÓN
12 minutos

 COCCIÓN
25 minutos

INGREDIENTES

Pollo cocido, *1/4*

Salsa pomarola, *1 lata*

Papas noisette congeladas,
3 tazas

Hongos secos,
2 cucharadas

Vino blanco, *1/2 vaso*

Huevos duros, *2*

Salsa inglesa, *1 cucharada*

Sal y pimienta, *a gusto*

Tapas de empanadas, *4*

Retirar los huesos de pollo y cortar la carne en trocitos. Colocar la salsa en un recipiente, agregar las papas, los hongos remojados en el vino y el pollo, rociar con 1 taza de agua o caldo y cocinar 15 minutos. Retirar del fuego y agregar los huevos duros picados gruesos, la salsa inglesa, sal y pimienta. Distribuir en 4 recipientes individuales para horno, pincelar el reborde con huevo y adherir las tapas de empanadas, pincelarlas con huevo y cocinar en horno caliente 10 a 12 minutos.

Nota: *PARA PREPARAR* CHICKEN PIE *GRANDE, UTI-LIZAR UN DISCO DE PASCUALINA Y UN MOLDE TÉRMICO DE TAMAÑO MEDIANO. SE PUEDE ENRIQUE-CER CON ACEITUNAS, CHAMPIÑONES, ZANAHORIAS, PANCETA AHUMADA O JAMÓN Y EXTRACTO DE CARNE PARA SABORIZAR LA SALSA.*

Para completar el menú: *EMPAREDADOS DE MORRONES A LA ALBAHACA (pág. 25) y BUDÍN DE PAN SIN HORNO (pág. 261).*

*E*stofado de pollo

 PORCIONES
5

 PREPARACIÓN
18 minutos

 COCCIÓN
45 minutos

INGREDIENTES

Pollo presado, *1*

Aceite, *2 cucharadas*

Sal y pimienta, *a gusto*

Salsa *al filetto, 1 lata*

Cebolla, *1*

Zanahoria, *1*

Vino blanco, *1/2 vaso*

Extracto de tomate,
1 cucharadita

Ajo y perejil, *1 cucharada*

Acomodar las presas de pollo en una asadera, rociarlas en aceite y condimentarlas con sal y pimienta, cocinarlas en horno caliente 20 minutos. Aparte licuar la salsa con la cebolla, colocar sobre fuego, cocinar 5 minutos y agregar las presas de pollo, la zanahoria rallada y el vino con el extracto, condimentar con sal, pimienta, ajo y perejil. Cocinar tapado a fuego suave durante 35 minutos. Utilizar solo o para acompañar pastas, arroz o polenta a la manteca.

Nota: *LAS PRESAS DE POLLO SE PUEDEN PASAR POR FÉCULA DE MAÍZ Y DORAR EN ACEITE ANTES DE COLOCARLAS EN LA SALSA.*

Para completar el menú: *ZAPALLITOS RELLENOS (pág. 218) y MANZANAS RELLENAS EXPRESS (pág. 273).*

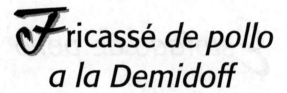

*F*ricassé de pollo a la Demidoff

 PORCIONES
4

 PREPARACIÓN
15 minutos

 COCCIÓN
18 minutos

INGREDIENTES

Pechugas congeladas, *4*
Cebolla, *1*
Puerro, *1*
Ajo, *1 diente*
Sal, pimienta y laurel,
a gusto
Yemas, *3*
Crema de leche, *200 g*
Fécula de maíz,
1 cucharadita
Jardinera, *1 lata*

Colocar en un recipiente la cebolla, el puerro y el ajo cortados en trozos, cubrir con agua y condimentar con sal, pimienta, y una hoja de laurel, hacer hervir 5 minutos. Agregar las pechugas y cocinar hasta que estén tiernas, retirarlas y filtrar el medio de cocción; mezclarlo con las yemas y la crema con la fécula, cocinar revolviendo con batidor hasta espesar. Acomodar las pechugas en una fuente para horno, acomodar alrededor la jardinera, cubrir con la salsa y llevar unos minutos al horno para calentar. Decorar con casquitos de limón.

Nota: ESTE PLATO SE PUEDE PREPARAR CON 1 PO-LLO TROZADO, PREFERENTEMENTE SIN LA PIEL.

Para completar el menú: EMPANADAS DE HOJALDRE (pág. 247) y PERAS AL VINO TINTO CON SALSA INGLESA (pág. 281).

Si usted tiene **hamburguesas de pollo**

*H*amburguesas con salsa cremosa de yemas

 PORCIONES
4

 PREPARACIÓN
10 minutos

 COCCIÓN
15 minutos

INGREDIENTES

Hamburguesas de pollo, 4
Yemas, 2
Caldo, *1/2 taza*
Aceite, *2 cucharadas*
Fécula de maíz,
2 cucharaditas
Crema de leche, *150 g*
Sal y pimienta, *a gusto*
Jugo de limón,
2 cucharadas

Asar las hamburguesas. Aparte, colocar en un bol las yemas con el caldo, el aceite y la fécula diluida en la crema, condimentar con sal y pimienta. Cocinar a fuego lento batiendo con batidor hasta espesar, rociar con el jugo de limón y salsear las hamburguesas. Acompañar con puré en copos al queso.

Nota: *SE PUEDEN ACOMPAÑAR TAMBIÉN CON PA-PAS CONGELADAS COCIDAS AL HORNO O FRUTAS.*

Para completar el menú: *ENSALADA FRES-CURA (pág. 69) y MASITAS DE ARROZ Y CHOCOLATE (pág. 275).*

Si usted tiene **hamburguesas de pollo
tapas de empanadas**

*H*amburguesas *en* croûte

 PORCIONES
4

 PREPARACIÓN
12 minutos

 COCCIÓN
18 minutos

INGREDIENTES

Hamburguesas de pollo, 4
Mozzarella, 4 *rodajas
gruesas*
Tomate, *1*
Sal, pimienta y orégano,
a gusto
Tapas de empanadas, 8
Huevo, *1*

Cocinar las hamburguesas al horno, grill, plancha o sartén, pero que resulten jugosas. Sobre la mitad de los discos, apoyar las hamburguesas, disponer sobre cada una de ellas 1 rodaja de mozzarella y otra de tomate, condimentar el tomate con sal, pimienta y orégano. Pincelar el reborde de la masa con huevo y cubrir con el resto de los discos de masa, ajustar los rebordes, pinchar ligeramente la parte superior, pincelar con huevo y cocinar en horno caliente 15 a 18 minutos. Acompañar con papas *noisette* congeladas doradas en aceite.

Variante: LAS RODAJAS DE TOMATE Y MOZZARELLA SE PUEDEN REEMPLAZAR POR UNA PORCIÓN DE SALSA POMAROLA Y 1 HUEVO POCHÉ, LUEGO CUBRIR CON EL OTRO DISCO DE MASA Y COCINAR EN HORNO CALIENTE.

Para completar el menú: ENSALADA VERDE Y NARANJA (pág. 74) y FLAN DE CAFÉ (pág. 269).

*M**atambre de pollo*

 PORCIONES
6

 PREPARACIÓN
12 minutos

 COCCIÓN
50 minutos

INGREDIENTES
Pollo deshuesado, *1*
Sal y pimienta, *a gusto*
Panceta ahumada, *100 g*
Zanahoria rallada,
1/2 bandeja
Ajo y perejil picados,
3 cucharadas
Huevos, *3*
Queso rallado, *3/4 taza*
Gelatina sin sabor, *7 g*

Abrir bien el pollo, con la piel hacia abajo, condimentarlo con sal y pimienta, distribuir encima las rodajas de panceta y la zanahoria. Mezclar el ajo y perejil con los huevos y el queso, colocar sobre el relleno y espolvorear con al gelatina. Arrollar y sujetar la abertura con palillos, o atarlo, luego envolver en papel metalizado y cocinar en horno moderado durante 50 minutos. Servir cortado en tajadas, si es frío, acompañado con ensalada de hojas, si es tibio, con *brioches* de papa.

Nota: *EL MATAMBRE SE PUEDE ENVOLVER EN UN LIENZO Y COCINARLO EN AGUA HIRVIENDO CON SAL DURANTE 50 MINUTOS. DEJAR ENFRIAR EN LA MISMA AGUA Y PRENSARLO.*

Para completar el menú: *CAZUELA DE POROTOS (pág. 222) y PURÉ SOUFFLÉ DE MANZANAS (pág. 287).*

Si usted tiene **1 paquete de patitas de pollo congeladas**

*P*atitas con salsa de aceitunas

PORCIONES
6

PREPARACIÓN
15 minutos

COCCIÓN
15 minutos

INGREDIENTES

Patitas de pollo, *1 bolsa*

Cebolla, *1*

Manteca, *40 g*

Cubo de caldo, *1*

Aceitunas verdes y negras, *150 g*

Vino blanco, *1/2 vaso*

Fécula de maíz, *1/2 cucharada*

Cocinar las patitas al horno. Rehogar en la manteca la cebolla picada, agregar el cubo de caldo, 400 cc de agua, las aceitunas descarozadas y cortadas en mitades y el vino mezclado con la fécula. Cocinar revolviendo hasta que rompa el hervor y tome consistencia de salsa. Servir las patitas de pollo cubiertas con la salsa.

Variante: CON LAS PATITAS PEQUEÑAS PREPARAR BROCHETTES ALTERNÁNDOLAS CON CUBOS DE JAMÓN, TROCITOS DE AJÍ, TROCITOS DE CEBOLLA Y CIRUELAS NEGRAS, LUEGO COCINARLAS EN EL HORNO.

Para completar el menú: BRIOCHES DE PAPA (pág. 46) y BUDÍN DE PAN SIN HORNO (pág. 261).

Si usted tiene **750 g de *roulette* de pavo**
1 frasco de espárragos

*P*avo con mousse de espárragos

 PORCIONES
5

 PREPARACIÓN
12 minutos

 COCCIÓN
12 minutos

INGREDIENTES

Roulette de pavo, 750 g
Cebolla, 1
Manteca, 25 g
Espárragos, 1 frasco
Crema de leche, 300 g
Sal y pimienta blanca,
a gusto
Queso gruyere rallado,
3 cucharadas

Cortar el *roulette* de pavo en rodajas y acomodar en una fuente para horno. Picar la cebolla y cocinarla en la manteca, agregar los espárragos cortados en trozos y saltearlos, procesar o licuar todo con la crema, hasta obtener una preparación homogénea, condimentar con sal y pimienta. Verter sobre el pavo, espolvorear con el queso y gratinar en horno caliente. Acompañar con zanahorias agridulces.

Variante: SE PUEDE SERVIR EL ROULETTE SOBRE UNA JARDINERA DE VEGETALES DE LATA, ENRIQUECIDA CON 1 MANZANA CORTADA EN CUBOS Y 1 LATA DE CHAMPIÑONES. ADEREZAR CON MAYONESA ALIGERADA CON JUGO DE LIMÓN Y 2 CUCHARADAS DE VINO DULCE.

Para completar el menú: ESPIRALES SABROSAS (pág. 26) y FLAN A LA NUEZ (pág. 268).

Si usted tiene **600 g de pechuga de pavo ahumado
mermelada de frambuesas**

$\mathcal{P}$avo con salsa agridulce

 PORCIONES
5

 PREPARACIÓN
10 minutos

 COCCIÓN
20 minutos

INGREDIENTES

Pechuga de pavo, *600 g*
Pimienta, *a gusto*
Jugo de naranja, *300 cc*
Salsa de soja, *2 cucharadas*
Mermelada de frambuesas,
3 cucharadas
Cubo de caldo de ave, *1*
Mostaza, *1 cucharadita*

Acomodar las pechugas en una fuente para horno. Agregar 5 o 6 granos de pimienta machacada al jugo de naranja, agregar la salsa de soja, la mermelada de frambuesa, el cubo de caldo y la mostaza, hacerla hervir 3 minutos y verter sobre las pechugas, tapar con papel metalizado y llevar a horno moderado durante 14 minutos. Acompañar con el contenido de 1 lata de manzanas en tajadas salteadas en manteca, y puré de batata.

Nota: SE PUEDE UNIR LAS PECHUGAS DE A DOS, COLOCANDO EN EL CENTRO UNA CAPA DE PATÉ TRUFADO DE GANSO.

Para completar el menú: VOL-AU-VENT DE CHAMPIÑÓN (*pág. 41*) y POSTRE MARRONS (*pág. 284*).

Si usted tiene **4 supremas**
1 lata de paté
queso fundido

$\mathcal{P}$echugas a la nieve

 PORCIONES
4

 PREPARACIÓN
18 minutos

 COCCIÓN
40 minutos

INGREDIENTES

Supremas, 4
Sal y pimienta, *a gusto*
Manteca, *30 g*
Vino blanco, *1 vaso*
Paté de *foie, 1 latita*
Jamón cocido, *4 tajadas*
Queso fundido fontina,
300 g
Leche, *cantidad necesaria*

Condimentar las supremas con sal y pimienta, rociarlas con la manteca y el vino, cocinarlas tapadas en horno moderado 35 a 40 minutos. Escurrirlas y dejarlas entibiar, luego untarlas con el paté y envolverlas en el jamón. Colocar el queso cortado en trocitos con el jugo de cocción filtrado y 1 taza de leche; cocinar revolviendo con cuchara de madera hasta que el queso se funda y se forme una salsa. Cubrir las pechugas con ayuda de una cuchara, decorar con medallones de morrones y aceitunas negras fileteadas.

Nota: PARA QUE LAS PECHUGAS QUEDEN BIEN BAÑADAS, SALSEARLAS, DEJARLAS ENFIAR, VOLVER A CALENTAR EL QUESO Y SALSEARLAS NUEVAMENTE.

Para completar el menú: SOPA IMPERIAL DE LENTEJAS (pág. 170) y GRATÍN DE BANANA Y VAINILLA (pág. 271).

Si usted tiene **4 pechugas de pollo
1 lata de salsa portuguesa
1 lata de arvejas**

P̶echugas de pollo a la portuguesa

 PORCIONES
4

 PREPARACIÓN
12 minutos

 COCCIÓN
25 minutos

INGREDIENTES

Pechugas de pollo
deshuesado, *4*
Sal, pimienta y harina, *a
gusto*
Aceite, *4 cucharadas*
Salsa portuguesa, *1 lata*
Vino blanco seco, *1 vaso*
Arvejas, *1 lata*
Aceitunas negras, *50 g*

Condimentar las pechugas con sal y pimienta, pasarlas por harina y dorarlas en el aceite. Aparte, calentar la salsa portuguesa, agregar el vino y acomodar las pechugas, añadir las arvejas y las aceitunas; cocinar a fuego suave, tapado, durante 20 minutos. Servir acompañado de puré *soufflé*.

Nota: *ESTE PLATO SE PUEDE PREPARAR UTILIZANDO 1 POLLO CORTADO EN PRESAS; EN ESE CASO AGREGAR, DURANTE LA COCCIÓN, 1 TAZA DE CALDO.*

Para completar el menú: *TARTINAS DE CHAMPIÑÓN (pág. 38) y PERAS AL VINO TINTO CON SALSA INGLESA (pág. 281).*

Si usted tiene **pechuguitas de pollo rebozadas queso fundido**

℘echuguitas en sabayón de queso

 PORCIONES
4

PREPARACIÓN
10 minutos

 COCCIÓN
12 minutos

INGREDIENTES
Pechuguitas, 4
Yemas, 3
Crema de leche, 200 g
Vino blanco, 2 *cucharadas*
Queso fundido
(fontina o gruyere), 200 g
Sal, pimienta y hierbas,
a gusto

Cocinar las pechuguitas al horno o en fritura. Colocar las yemas en un bol, agregar la crema, el vino y el queso, mezclar bien y colocar a baño de María, sin que hierva el agua, batiendo hasta espesar. Condimentar con sal, pimienta y un toque de hierbas frescas picadas.

Nota: *ESTA SALSA SE PUEDE ENRIQUECER AGREGANDO CHAMPIÑONES, ARVEJAS, RAMITOS DE BRÓCOLI U OTROS VEGETALES.*

Para completar el menú: *BRIOCHES DE PAPAS (pág. 46). ENSALADA ESPECIAL DE REPOLLO (pág. 68), y FRUTA FRESCA.*

Si usted tiene **pechugas o supremas de pollo**
sopa crema de choclo

$\mathcal{P}$ollo a la americana

PORCIONES
4

PREPARACIÓN
12 minutos

COCCIÓN
25 minutos

INGREDIENTES

Pechugas o supremas de
pollo, *4*
Cebolla, *1*
Aceite, *4 cucharadas*
Cubos de zapallo, *2 tazas*
Sopa crema de choclo,
1 paquete
Vino blanco, *1/2 vaso*

Desgrasar las pechugas. Acomodar en una cazuela la cebolla pelada cortada por la mitad y luego en rodajas finas. Rociar con el aceite y agregar los cubos de zapallo, saltear y acomodar las presas de pollo. Diluir la sopa crema en 750 cc de agua, verter sobre el pollo, rociar con el vino y cocinar tapado, a fuego lento, hasta que las pechugas y los vegetales estén tiernos.

Nota: SI LA SALSA RESULTARA DEMASIADO ESPESA, AGREGAR CHORRITOS DE AGUA HIRVIENDO HASTA QUE TOME LA CONSISTENCIA DESEADA.

Para completar el menú: PIZZETAS AL HUEVO (pág. 239) y POMELOS AZUCARADOS.

Si usted tiene **1 bandeja de presas de pollo**
1 lata de salsa pomarola

$\mathcal{P}$ollo a la húngara

 PORCIONES
4

 PREPARACIÓN
15 minutos

 COCCIÓN
35 minutos

INGREDIENTES

Presas de pollo, *1 bandeja*
Sal, pimienta y harina, *a gusto*
Cebolla, *1*
Aceite, *4 cucharadas*
Páprika, *1/2 cucharada*
Salsa pomarola, *1 lata*
Cubo de caldo de ave, *1*
Crema de leche, *100 g*
Perejil, *2 cucharadas*

Condimentar el pollo con sal y pimienta, pasar las presas por harina. Picar la cebolla y saltearla en el aceite junto con el pollo, espolvorear con la páprika y agregar la salsa. Diluir el cubo de caldo en 30 cc de agua y verter en la preparación, cocinar a fuego lento con el recipiente tapado 25 minutos. Agregar la crema y el perejil, cocinar 2 minutos más y servir con arroz blanco o ñoquis a la manteca.

Nota: *ESTE PLATO SE PUEDE PREPARAR CON PECHUGUITAS O MILANESAS DE POLLO.*

Para completar el menú: *PALTAS A LA CREMA DE ROQUEFORT (pág. 31) y FRUTA EN ALMÍBAR.*

Si usted tiene **1 bandeja de presas de pollo
naranjas**

$\mathscr{P}$ollo a la naranja

 PORCIONES
4

 PREPARACIÓN
12 minutos

 COCCIÓN
40 minutos

INGREDIENTES

Presas de pollo, *1 bandeja*

Sal, pimienta y jugo de
limón, *a gusto*

Salsa de soja o salsa
inglesa, *1 cucharada*

Manteca, *40 g*

Jugo de naranjas, *250 cc*

Mostaza, *1 cucharada*

Naranjas, *2*

Piel de naranjas,
1 cucharada

Condimentar las presas de pollo con
sal, pimienta y jugo de limón, acomodarlas en una fuente para horno sin
superponerlas. Mezclar la salsa de soja
con la manteca, el jugo de naranja y
la mostaza, calentar y verter sobre el
pollo, cocinar en horno moderado
durante 30 minutos. Pelar las naranjas a vivo, es decir, sin la parte blanca
y cortarlas en rodajas finas, cortar la
piel de naranja en tiritas finas, darles
un hervor y agregar al pollo las naranjas y la piel, cocinar 10 minutos
más. Acompañar con zanahorias.

Nota: *ESTE POLLO SE PUEDE COCINAR SOBRE
FUEGO EN CAZUELA. SI SE COCINA AL HORNO, ES
CONVENIENTE ROCIARLO CON SU MISMO JUGO
DURANTE LA COCCIÓN.*

Para completar el menú: *EMPANADAS ORI-
GINALES DE CHAUCHAS (pág. 249) y PASTEL DE
QUESO (pág. 279).*

Pollo a la provenzal con albahaca

 PORCIONES
5

 PREPARACIÓN
18 minutos

COCCIÓN
18 minutos

INGREDIENTES

Patitas de pollo, *1 paquete*
Aceite de oliva,
2 cucharadas
Ajo, *2 dientes*
Perejil picado,
2 cucharadas
Pesto, *2 cucharadas*
Vino blanco seco, *1 vaso*
Nueces picadas,
4 cucharadas

Cocinar las patitas al horno o en una fritura de aceite. Aparte, dorar en el aceite de oliva los dientes de ajo picados, agregar el perejil, el pesto y el vino, cocinar unos segundos. Agregar las patitas, espolvorear con las nueces y cocinar, tapado, 5 a 6 minutos moviendo de vez en cuando para que se impregnen del sabor provenzal.

Nota: *SI SE UTILIZA POLLO TROZADO, PASAR LAS PRESAS POR FÉCULA ANTES DE COCINARLAS AL HORNO O FREÍRLAS HASTA QUE ESTÉN BIEN DORADAS. LUEGO, EN UNA CAZUELA, MEZCLARLAS CON LA PROVENZAL.*

Para completar el menú: *PIZZA ARROLLADA (pág. 233) y FRUTA FRESCA.*

Si usted tiene **1 pollo al *spiedo***
1 lata de choclo
queso fresco

*P*ollo *a la* scarpetta

 PORCIONES
5

 PREPARACIÓN
12 minutos

 COCCIÓN
15 minutos

INGREDIENTES

Puerros, 2
Manteca, *40 g*
Choclo, *1 lata*
Manzana Granny Smith, *1*
Crema de leche, *200 g*
Sal, pimienta y nuez
moscada, *a gusto*
Pollo al *spiedo, 1*
Queso fresco o mozzarella,
200 g

Cortar los puerros en rodajitas y cocinarlos en la manteca, agregar el choclo, la manzana pelada y cortada y la crema. Condimentar con sal, pimienta y nuez moscada, cocinar 1 minuto y agregar el pollo cortado en presas chicas, cubrir con el queso o mozzarella, cocinar hasta que el queso se funda.

Variante: CON LA BASE DE UN POLLO AL SPIEDO SE PUEDE PREPARAR UNA CAZUELA AGREGANDO AL POLLO TROZADO 1 LATA DE SALSA POMODORO, 1 LATA DE GARBANZOS, JAMÓN, PAPINES O PAPAS NOISETTE CONGELADAS.

Para completar el menú: EMPANADAS DE VERDEO (pág. 246) y UVAS .

Si usted tiene hamburguesas de pollo con queso 1 frasco de champiñones

$\mathcal{P}$ollo a la vienesa

PORCIONES
4

PREPARACIÓN
10 minutos

COCCIÓN
12 minutos

INGREDIENTES

Hamburguesas de pollo
con queso, *4*
Manteca y aceite,
cantidad necesaria
Vino jerez, *1 vaso*
Jugo de limón,
3 cucharadas
Champiñones, *1 frasco*
Crema de leche, *200 g*
Yemas, *2*

Cocinar las hamburguesas en 40 g de manteca y 2 cucharadas de aceite, retirar las hamburguesas. Desglasar el fondo de cocción con el vino y el jugo de limón, agregar los champiñones y la crema mezclada con las yemas, cocinar revolviendo 1 minuto. Acomodar las hamburguesas en la salsa y cocinar 2 o 3 minutos más.

Variantes: *LAS HAMBURGUESAS SE PUEDEN SUPLANTAR POR PATITAS DE POLLO, BOCADITOS DE POLLO CON QUESO O PECHUGAS. LA SALSA SE PUEDE ENRIQUECER SALPICANDO CON ALMENDRAS TOSTADAS.*

Para completar el menú: *ENSALADA ESPECIAL DE REPOLLO (pág. 68) y DURAZNOS RELLENOS MERENGADOS (pág. 266).*

Si usted tiene **1 bandeja con presas de pollo**
1 lata de tomates cubeteados
damascos secos

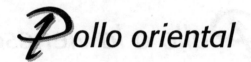Pollo oriental

PORCIONES
5

PREPARACIÓN
18 minutos

COCCIÓN
30 minutos

INGREDIENTES

Aceite, *4 cucharadas*
Presas de pollo, *1 bandeja*
Panceta ahumada, *100 g*
Cebolla, *1*
Azúcar rubia, *2 cucharadas*
Vinagre, *3 cucharadas*
Cubos de caldo de ave, *2*
Sal, jenjibre y canela,
a gusto
Damascos secos, *200 g*
Tomates cubeteados, *1 lata*

Calentar el aceite y dorar las presas de pollo, la panceta cortada en tiritas y la cebolla picada. Espolvorear con el azúcar y rociar con el vinagre, mezclar y agregar los cubos de caldo diluidos en 300 cc de agua, rectificar el sabor con sal y, si lo desea, con una pizca de jenjibre y de canela. Cocinar 10 minutos y agregar los damascos y el tomate, proseguir la cocción 20 minutos más, hasta que el pollo esté tierno. Servirlo con arroz blanco a la manteca y espolvorear con nueces picadas.

Variante: *PUEDE REEMPLAZAR LOS DAMASCOS POR 100 G DE PASAS RUBIAS Y 1 MANZANA CORTADA EN CUBOS.*

Para completar el menú: *SOPA DORADA (pág.169) y ENSALADA DE FRUTAS.*

Budincitos de dos colores
PÁG. 48

Ensalada Natalia
PÁG. 70

Papas con jamón a la provenzal
PÁG. 55

Chupín express
PÁG. 83

Fritos de pescado con salsa de berros y nuez
PÁG. 88

Filetes marplatenses
PÁG. 86

Costillitas de cerdo a la riojana
PÁG. 115

Lomo en croûte
PÁG. 127

Escalopes con jamón a la crema de azafrán
PÁG. 122

Mondongo a la andaluza
PÁG. 128

Nidos de hamburguesas
PÁG. 129

Pizza de roquefort a la crema
PÁG. 235

Pizzetas de sardinas
PÁG. 240

Empanadas de hojaldre
PÁG. 247

Empanaditas de sésamo y amapola
PÁG. 251

Mousse de limón
PÁG. 278

Masitas de frutas
PÁG. 276

Si usted tiene **4 supremas de pollo
1 frasco de champiñones
crema de leche**

Roulette de pollo con salsa de limón

 PORCIONES
4

 PREPARACIÓN
15 minutos

 COCCIÓN
25 minutos

INGREDIENTES

Supremas de pollo, *4*
Sal y pimienta, *a gusto*
Jamón cocido, *4 fetas*
Champiñones, *1 frasco*
Queso gruyere o similar,
cantidad necesaria
Clara, *1*
Cebolla, *1*
Vino blanco, *1 vaso*
Crema de leche, *100 g*

Aplanar bien las supremas, condimentar con sal y pimienta, luego cubrirlas con jamón. Aparte, filetear los champiñones y mezclarlos con el queso rallado y la clara hasta formar una pasta; distribuir sobre cada suprema, arrollarlas y sujetarlas con palillos. Calentar 20 g de manteca y 2 cucharadas de aceite, dorar los *roulette* de pollo con la cebolla picada, rociar con el vino, el jugo de 1 limón y 1 cucharadita de piel de limón. Cocinar a fuego suave con el recipiente tapado durante 25 minutos, filtrar el jugo de cocción y mezclar con la crema, calentar y salsear las supremas fileteadas.

Nota: *LOS CHAMPIÑONES SE PUEDEN REEMPLAZAR CON 1 PORCIÓN DE ESPINACA CONGELADA Y SALTEADA EN MANTECA, MEZCLADA CON EL QUESO Y LA CLARA.*

Para completar el menú: *TORTA FIAMBRE MOTEADA (pág. 40) y MANZANAS RELLENAS EXPRESS (pág. 273).*

Si usted tiene **supremas de pollo**
1 paquete de sopa crema de hongos

$\mathcal{S}$upremas con salsa de hongos

PORCIONES
4

PREPARACIÓN
10 minutos

COCCIÓN
30 minutos

INGREDIENTES

Supremas, *4*
Cebolla, *1*
Hongos secos, *1 cucharada*
Sal, pimienta y *ciboulette,*
a gusto
Sopa crema de hongos,
1/2 paquete

Acomodar las supremas en una fuente para horno sobre la cebolla cortada en rodajas. Remojar los hongos en 1 taza de agua unos minutos, agregar a las supremas, condimentar con sal, pimienta y, si lo desea, *ciboulette* picada, rociar con unos hilos de aceite. Tapar con papel metalizado y cocinar en horno moderado 30 minutos. Retirar las supremas, licuar el fondo de cocción, mezclar con el polvo de la sopa crema y 500 cc de agua, cocinar revolviendo hasta formar una salsa, cubrir las supremas.

Nota: SE PUEDE VARIAR EL SABOR UTILIZANDO SOPA CREMA DE CHOCLO, DE CEBOLLA, DE ARVEJAS, DE QUESO Y CEBOLLA, ETC.

Para completar el menú: TOMATES DE CÁDIZ (pág. 39) y TORTA EXPRESS DE MANZANA (pág. 294).

*S*upremas gratinadas con crema de palmitos

  PORCIONES
4

 **PREPARACIÓN**
15 minutos

 COCCIÓN
25 minutos

INGREDIENTES

Supremas sin empanar, *4*

Sal, pimienta y jerez,
a gusto

Puerros, *3*

Manteca, *40 g*

Palmitos, *1 lata chica*

Crema de leche, *200 g*

Harina, *1 cucharada*

Ciboulette, 2 cucharadas

Queso parmesano rallado,
4 cucharadas

Acomodar las supremas en una fuente para horno, condimentarlas con sal y pimienta, rociarlas con el jerez y unos hilos de aceite, taparlas con papel y cocinarlas en horno más bien caliente durante 20 minutos. Cortar los puerros en rodajitas y cocinarlos en la manteca, agregar los palmitos cortados y la crema con la harina, cocinar revolviendo hasta espesar. Condimentar con sal, pimienta y *ciboulette,* agregar el fondo de cocción. Mezclar y cubrir las supremas, espolvorear con el queso y gratinar en horno caliente.

Nota: *SE PUEDEN UTILIZAR TAMBIÉN HAMBURGUESAS DE POLLO O PRESAS DE POLLO YA COCIDAS.*

Para completar el menú: *PERAS FIAMBRE (pág. 33) y FLAN DE CAFÉ (pág. 269).*

*T*arta de pollo

 PORCIONES
6

 PREPARACIÓN
18 minutos

 COCCIÓN
35 a 40 minutos

INGREDIENTES

Tapas de empanadas, 6

Puerros, 3

Manteca, *40 g*

Harina, *1 cucharada*

Leche, *1 taza*

Ajo y perejil, *2 cucharadas*

Huevos, 3

Pechugas de pollo
hervidas, 2

Sal, pimienta y nuez
moscada, *a gusto*

Tomate, *1*

Queso parmesano o
similar, rallado,
3 cucharadas

Enmantecar una tartera, tapizarla con los discos de empanadas superpuestos formando una base de tarta. Cortar los puerros en rodajitas, cocinarlos en la manteca, espolvorear con la harina, agregar la leche y cocinar revolviendo hasta formar una crema. Agregar el ajo y el perejil, los huevos y las pechugas cocidas y cortadas en tiras, añadir el queso. Condimentar con sal, pimienta y nuez moscada, colocar dentro de la masa. Decorar con el tomate cortado en rodajas y cocinar en horno moderado 35 a 40 minutos.

Nota: *PUEDE REEMPLAZAR LOS DISCOS DE EMPANADAS POR UN DISCO DE PASCUALINA. LA IDEA DE LAS TAPAS DE EMPANADAS ES PARA APROVECHARLAS CUANDO SOBRAN.*

Para completar el menú: *SOPA MINESTRÓN (pág. 171) y BUDINCITOS DE NARANJA (pág. 263).*

Sopas, pastas y arroz

Si usted tiene **1 caja de puré en copos**

$\mathcal{S}$opa crema de papas

 PORCIONES
5

 PREPARACIÓN
8 minutos

COCCIÓN
7 minutos

INGREDIENTES

Puerros, *400 g*
Manteca, *50 g*
Cubos de caldo, *2*
Puré en copos, *1/2 caja*
Crema de leche, *100 g*
Pimienta blanca, *a gusto*

Cortar los puerros en rodajitas finas, incluso la parte verde tierna, cocinar en la manteca, agregar 1 litro de agua y los cubos de caldo, dejar hervir y agregar el puré. Cocinar revolviendo, agregar la crema y condimentar con un toque de pimienta de molinillo. Servir con *croûtons* de pan fritos y, si le agrada, espolvorear con páprika.

Variante: AGREGAR A LA SOPA YA LISTA EL CONTINDO DE 1 LATA DE ARVEJAS SALTEADAS PREVIAMENTE EN 25 G DE MANTECA.

Para completar el menú: PIZZA DE SALCHICHAS CON HUEVOS, (pág. 236) y ENSALADA DE CÍTRICOS (pág. 267).

Si usted tiene **1 lata de jardinera de vegetales**

$\mathcal{S}$opa crema de vegetales

 PORCIONES
5

 PREPARACIÓN
5 *minutos*

 COCCIÓN
5 *minutos*

INGREDIENTES

Jardinera de vegetales,
1 lata

Cebolla, 1

Apio, 1 ramita

Cubos de caldo, 2

Perejil y queso rallado,
a gusto

Colocar en el vaso de la licuadora la jardinera, la cebolla y el apio cortado en trozos, los cubos de caldo y 750 cc de agua. Licuar hasta integrar los ingredientes, calentar bien y servir espolvoreado con el perejil y el queso.

Variante: *ESTA SOPA SE PUEDE ENRIQUECER AGREGANDO 1 TOMATE CORTADO EN TROZOS, 1 LATA DE CHOCLO CREMOSO Y UNAS HOJAS DE ALBAHACA.*

Para completar el menú: *MONDONGO A LA ANDALUZA (pág. 128) y COPAS DE LIMÓN AL CHAMPAÑA (pág. 285).*

Si usted tiene **1 caja de puré de zanahorias en copos**

Sopa dorada

 PORCIONES
5

 PREPARACIÓN
8 minutos

COCCIÓN
12 minutos

INGREDIENTES

Cebolla, 1

Manteca, 40 g

Zanahoria rallada,
1 bandejita

Leche, 500 cc

Cubos de caldo, 2

Puré de zanahorias en
copos, 1/2 paquete

Picar la cebolla y rehogarla en la manteca. Agregar la zanahoria, saltearla, incorporar la leche, los cubos de caldo y hacer hervir. Agregar el puré, mezclar y añadir 400 cc de agua. Calentar y servir caliente.

Nota: AL SERVIR LA SOPA, ACOMPAÑARLA CON SALSA DE SOJA, ALMENDRAS PELADAS, FILETEADAS Y TOSTADAS, CUBOS DE MOZZARELLA, COPOS DE ARROZ, PARA QUE CADA COMENSAL ELIJA EL INGREDIENTE PARA ENRIQUECER SU SOPA.

Para completar el menú: BLANQUETA DE ROAST BEEF *(pág. 108) y RAVIOLES DULCES (pág. 288).*

Si usted tiene **1 lata de lentejas**

$\mathcal{S}$opa imperial de lentejas

 PORCIONES
5

 PREPARACIÓN
10 minutos

 COCCIÓN
25 minutos

INGREDIENTES

Cebolla de verdeo, 4

Aceite, *3 cucharadas*

Panceta fresca en un trozo, *100 g*

Cubos de caldo, 2

Papas en cubos congelados, *1/2 paquete*

Lentejas, *1 lata*

Cortar las cebollas en rodajitas finas, cocinarlas en el aceite junto con la panceta cortada también en tiritas finas. Agregar los cubos de caldo, 1 litro de agua y las papas, cocinar 10 minutos, incorporar las lentejas y cocinar 10 minutos más.

Nota: EN EL MOMENTOS DE SERVIRLA AGREGAR 2 TAZAS DE CUBOS DE PAN DORADOS EN ACEITE Y ESPOLVOREARLOS CON 1/2 CUCHARADA DE PIMENTÓN.

Para completar el menú: PIZZETAS DE SARDINAS (pág. 240) y SAVARÍN DE MANZANAS Y ARROZ (pág. 290).

Si usted tiene **1 lata de porotos**
1 bandeja de vegetales cortados

$\mathcal{S}$opa minestrón

 PORCIONES
5 a 6

 PREPARACIÓN
10 minutos

 COCCIÓN
25 a 30 minutos

INGREDIENTES

Porotos, *1 lata*
Vegetales frescos cortados,
1 bandejita
Zanahoria rallada,
1 bandejita
Cubos de caldo, *2*
Panceta ahumada, *100 g*
Albahaca y ajos,
2 cucharadas
Fideos gruesos, *250 g*
Queso sardo rallado,
3 cucharadas

Colocar en una cacerola los porotos, los vegetales cortados, la zanahoria, los cubos de caldo y la panceta cortada en trocitos, agregar 1 litro y 250 cc de agua, hacer hervir a fuego lento hasta que los vegetales estén tiernos. Agregar la albahaca y ajos, en lo posible machacados en mortero, y los fideos. Cocinar 15 minutos más y servir con queso rallado.

Nota: SERVIR EL MINESTRÓN CON UNA MEZCLA DE HOJAS DE ALBAHACA, 3 DIENTES DE AJO, 6 CUCHARADAS DE ACEITE, SAL, PIMIENTA Y 3 CUCHARADAS DE QUESO SARDO RALLADO PARA QUE CADA COMENSAL AGREGUE UNA PORCIÓN EN SU SOPA.

Para completar el menú: PATÉ DE CAMPAÑA (pág. 32) y PERAS EN ALMÍBAR.

Si usted tiene **pan lácteo**
queso fresco

$\mathcal{S}$opa pavesa

 PORCIONES
5

 PREPARACIÓN
10 minutos

 COCCIÓN
12 minutos

INGREDIENTES

Cubos de caldo, 2

Rodajas de pan lácteo, 5

Queso fresco, 200 g

Cebolla, 1

Manteca, 40 g

Huevos, 5

Sal y pimienta, *a gusto*

Queso rallado,
5 *cucharadas*

Colocar los cubos de caldo con 750 cc de agua, hacer hervir. Tostar las rodajas de pan, distribuirlas en 5 boles o platos soperos, colocar encima el queso cortado en dados y la cebolla cortada en rodajas finas, rehogada en la manteca. Cascar en cada uno 1 huevo, condimentar con sal y pimienta y agregar el caldo hirviendo, espolvorear con el queso y gratinar en horno caliente 7 a 8 minutos.

Nota: *LA SOPA PAVESA SE PUEDE SIMPLIFICAR DE LA SIGUIENTE MANERA: PREPARAR EL CALDO Y BATIR LIGERAMENTE LOS HUEVOS EN LA SOPERA, CONDIMENTAR CON SAL Y PIMIENTA. AGREGAR EL QUESO RALLADO Y VERTER LENTAMENTE EL CALDO HIRVIENTE MIENTRAS SE BATE CON BATIDOR. DISTRIBUIR EN LOS PLATOS EL PAN CORTADO EN CUBOS Y TOSTADO Y LOS CUBOS DE QUESO, VERTER ENCIMA EL CALDO.*

Para completar el menú: FRICASSÉ DE POLLO A LA DEMIDOFF (pág. 144) y COPA MELBA (pág. 285).

Si usted tiene **1 paquete de _crêpes_**
1 lata de atún
1 lata de salsa napolitana

*C*anelones Taormina

 PORCIONES
4 a 6

 PREPARACIÓN
10 minutos

 COCCIÓN
7 a 8 minutos

INGREDIENTES

Crêpes, *1 paquete*

Atún, *1 lata*

Ricota, *400 g*

Perejil y albahaca,
2 cucharadas

Queso sardo rallado,
6 cucharadas

Sal y pimienta, *a gusto*

Salsa napolitana, *1 lata*

Vino blanco, *1/2 vaso*

Pan rallado, *2 cucharadas*

Separar los *crêpes*. Mezclar el atún desmenuzado con la ricota, el perejil, la albahaca y la mitad del queso, condimentar con sal y pimienta. Distribuir sobre los *crêpes* y arrollarlos, acomodarlos en una fuente para horno. Calentar la salsa con el vino y verter sobre los canelones. Mezclar el pan rallado con el queso, espolvorear los canelones, distribuir encima trocitos de manteca y gratinar en horno caliente.

Variante: PREPARAR EL RELLENO MEZCLANDO LA RICOTA CON ESPINACA O POLLO COCIDO Y PICADO.

Para completar el menú: COLITA DE CUADRIL AL HORNO, y PERAS AL VINO TINTO CON SALSA INGLESA (pág. 281).

Si usted tiene **1 paquete de *capelletti* deshidratados
1 bandeja de rodajas de calabaza**

*C*apelletti in brodo

 PORCIONES
4

 PREPARACIÓN
5 minutos

 COCCIÓN
20 minutos

INGREDIENTES

Cubos de caldo, 2

Apio, 1 ramita

Rodajas de calabaza,
1 bandeja

Capelletti, 1 paquete

Mozzarella, 150 g

Queso rallado,
4 cucharadas

Colocar en una cacerola abundante agua, los cubos de caldo, el apio cortado y las rodajas de calabaza cortadas en cubos, hacer hervir 10 a 12 minutos, agregar los capelletti y cocinarlos hasta que estén *al dente*. Servir la sopa en boles o platos hondos con la mozzarella cortada en cubos; espolvorear con el queso rallado.

Nota: *SI SE DESEA, ANTES DE COCINAR LOS CAPELLETTI, ESCURRIR LAS VERDURAS Y PROCESARLAS, AGREGARLAS AL CALDO CUANDO LA PASTA YA ESTÉ COCIDA.*

Para completar el menú: *COSTILLAS DE CORDERO A LA VILLEROI (pág. 114) y GRATÍN DE BANANA Y VAINILLA (pág. 271).*

Si usted tiene **1 paquete de *fettuccine***
1 frasco de pesto

*F*ettuccine *con pesto a la crema*

 PORCIONES
5

 PREPARACIÓN
5 minutos

 COCCIÓN
8 minutos

INGREDIENTES

Fettuccine, 500 g

Pesto, 1 frasco

Crema de leche, 200 g

Nueces, 75 g

Queso sardo rallado,
5 cucharadas

Piñones (optativo),
3 cucharadas

Cocinar los *fettuccine* en abundante agua hirviendo con sal hasta que estén tiernos pero *al dente*. Mezclar el pesto con la crema, las nueces picadas, la mitad del queso y los piñones (optativo). Verter sobre la pasta, mezclar y espolvorear con el resto del queso.

Nota: *SI NO QUIERE UTILIZAR CREMA DE LECHE PUEDE MEZCLAR EL PESTO CON 200 G DE QUESO BLANCO.*

Para completar el menú: *PATITAS CON SALSA DE ACEITUNAS (pág. 148) y MACEDONIA DE FRUTAS.*

L̸asañas piamontesas

 PORCIONES
5 a 6

 PREPARACIÓN
15 minutos

 COCCIÓN
20 minutos

INGREDIENTES

Lasañas, *1 paquete*

Puerros, *4*

Manteca, *40 g*

Corazones de alcauciles,
1 lata

Ricota, *300 g*

Sal, pimienta y nuez
moscada, *a gusto*

Queso parmesano rallado,
6 cucharadas

Hongos secos,
2 cucharadas

Vino blanco, *1/2 vaso*

Salsa pomarola, *1 lata*

Separar las lasañas. Cortar los puerros en rodajitas finas y cocinarlos en la manteca, agregar los corazones cortados en trocitos, saltear y mezclar con la ricota, sal, pimienta y nuez moscada. Remojar los hongos en el vino y picarlos, mezclar todo con la salsa y calentar. Colocar unas cucharadas de salsa en la base de una fuente para horno, colocar una capa de lasañas, cubrir con la mezcla de alcauciles, nuevamente distribuir lasañas, luego algo de salsa y la mozzarella cortada en rodajas, repetir hasta finalizar los ingredientes, espolvorear cada capa con queso rallado. La última capa debe ser de salsa. Llevar al horno los minutos que indique el envase de lasañas.

Nota: *SE PUEDE PREPARAR UNA FUENTE DE LASAÑAS REEMPLAZANDO LAS DE PAQUETE POR CAPAS DE CRÊPES Y VARIAR LOS RELLENOS UTILIZANDO JAMÓN, ESPINACA, ATÚN, CARNE PICADA COCIDA EN CEBOLLA, SALCHICHAS, ETC.*

Para completar el menú: *CÓCTEL MEDITERRÁNEO (pág. 23) y MOUSSE DE LIMÓN (pág. 278).*

Si usted tiene **1 paquete de macarroncitos**
400 g de carne picada
2 latas de salsa pomarola

*M*acarroncitos con salsa bolognesa

 PORCIONES
5

 PREPARACIÓN
8 minutos

 COCCIÓN
8 minutos

INGREDIENTES

Macarroncitos, *1 paquete*
Aceite, *5 cucharadas*
Ajo y perejil, *2 cucharadas*
Carne picada, *400 g*
Vino blanco, *1 vaso*
Salsa pomarola, *2 latas*
Sal y pimienta, *a gusto*

Cocinar la pasta en abundante agua hirviendo con sal hasta que estén tiernos pero *al dente*.

Calentar el aceite, agregar el ajo y perejil y la carne picada, saltearla hasta blanquearla, rociar con el vino y agregar la salsa. Condimentar con poca sal y pimienta y cocinar a fuego suave 7 a 8 minutos. Mezclar con la pasta.

Variantes: *LA SALSA BOLOGNESA SE PUEDE PREPARAR REEMPLAZANDO LA CARNE PICADA POR SALCHICHA FRESCA SIN LA PIEL O CHORIZO BLANCO TAMBIÉN SIN LA PIEL.*

Para completar el menú: *MINESTRA DE VERDURAS (pág. 209) y POMELOS AZUCARADOS.*

*M*ostacholes a la Príncipe de Nápoles

 PORCIONES
5

 PREPARACIÓN
12 minutos

 COCCIÓN
10 minutos

INGREDIENTES

Mostacholes, *400 g*
Salsa de tomate, *1 lata*
Harina, *2 cucharadas*
Leche, *600 cc*
Sal, pimienta y tomillo,
a gusto
Pollo cocido, *1 taza*
Jamón cocido, *100 g*
Queso parmesano rallado,
4 cucharadas
Manteca, *40 g*

Cocinar los mostacholes en abundante agua hirviendo con sal, hasta que estén cocidos pero *al dente*. Colocar la salsa sobre fuego, agregar la harina diluida en la leche, cocinar revolviendo hasta formar una salsa cremosa, condimentar con sal, pimienta y tomillo. Mezclar con el pollo cortado en trocitos y el jamón picado, mezclar con los mostacholes. Colocar en una fuente para horno, espolvorear con el queso, distribuir encima la manteca cortada en trocitos y gratinar en horno caliente.

Nota: SE PUEDE PREPARAR LA SALSA DE HARINA Y LECHE AGREGANDO 30 G DE MANTECA APARTE DE LA SALSA DE TOMATE, LUEGO MEZCLAR LAS DOS SALSAS CON LA PASTA.

Para completar el menú: MOLDEADO CREMOSO DE FRUTAS (pág. 277).

Si usted tiene **1 lata de salsa pomarola**
1 lata de mejillones

$\mathcal{S}$paghetti *a la pescadora*

 PORCIONES
5

 PREPARACIÓN
8 minutos

 COCCIÓN
8 a 10 minutos

INGREDIENTES

Spaghetti, 500 g

Salsa pomarola, 1 lata

Aceite de oliva,
3 cucharadas

Ajo y orégano, a gusto

Vino tinto, 1 vaso

Mejillones, 1 lata

Aceitunas negras, 50 g

Cocinar la pasta en abundante agua con sal, cuando esté cocida pero *al dente*, escurrirla, Aparte, colocar la salsa en una cacerola, rociar con el aceite y agregar 1 diente de ajo picado, 1 cucharadita de orégano y el vino, cocinar 1 minuto. Incorporar los mejillones con su mismo líquido y las aceitunas fileteadas, cocinar 2 o 3 minutos y mezclar con los *spaghetti*. Servir bien calientes, espolvoreados con 2 cucharadas de perejil picado.

Nota: *SI SE DESEA, SE PUEDE ENRIQUECER CON OTRAS LATAS DE MARISCOS, POR EJEMPLO CALAMARES EN SU TINTA O BERBERECHOS.*

Para completar el menú: *GRATÍN DE CHAUCHAS (pág. 207) y BUDÍN DE PAN SIN HORNO (pág. 261).*

Si usted tiene **1 paquete de *spaghetti***
jamón cocido
buen queso rallado

$\mathcal{S}$paghetti alla carbonara

 PORCIONES
5

 PREPARACIÓN
8 minutos

 COCCIÓN
10 minutos

INGREDIENTES

Spaghetti, *1 paquete*

Manteca, *100 g*

Aceite de oliva,
4 cucharadas

Ajo, *3 dientes*

Jamón cocido, *100 g*

Huevos, *5*

Queso parmesano o
similar, *6 cucharadas*

Leche o crema, *1/2 taza*

Cocinar los *spaghetti* en abundante agua hirviendo con sal hasta que estén cocidos pero *al dente*. Aparte dorar en la manteca y el aceite los dientes de ajo machacados, luego retirarlos y agregar el jamón picado. Añadir los *spaghetti* y verter encima los huevos ligeramente batidos con el queso y la crema o leche. Cocinar moviendo los fideos hasta que coagulen los huevos y se forme una crema. Servir bien caliente.

Nota: LOS SPAGHETTI SE PUEDEN REEMPLAZAR POR FIDEOS CORTOS, POR EJEMPLO, TIRABUZONES, MOSTACHOLES CHICOS, ETC.

Para completar el menú: FILETES MARPLATENSES (pág. 86) y DURAZNOS EN ALMÍBAR.

Si usted tiene **1 paquete de *spaghetti*
aceitunas verdes y negras
2 latas de salsa pomarola**

$\mathcal{S}$paghetti *con salsa de aceitunas*

 PORCIONES
6

 PREPARACIÓN
8 minutos

 COCCIÓN
7 minutos

INGREDIENTES

Spaghetti, 1 paquete
Aceitunas verdes y negras,
150 g
Salsa pomarola, *2 latas*
Limón, *1*
Vino blanco, *1 vaso*
Queso parmesano rallado,
4 cucharadas

Cocinar los *spaghetti* en abundante agua con sal hasta que estén tiernos pero *al dente*.
Filetear las aceitunas y colocarlas en un recipiente con la salsa pomarola, agregar 2 cucharadas de jugo de limón, 1 cucharadita de ralladura de piel de limón y el vino. Cocinar 3 o 4 minutos y agregar los *spaghetti*; espolvorear con el queso y servir bien caliente.

Variante: *PUEDE UTILIZAR 1 SOLA LATA DE SALSA POMAROLA Y AGREGAR 200 G DE CREMA DE LECHE.*

Para completar el menú: *MILANESITAS DE LEBERWURST y HELADO.*

Si usted tiene **1 paquete de *spaghetti***
1 lata de salsa de tomate
vegetales congelados

*S*paghetti *con vegetales de la huerta*

 PORCIONES
5

 PREPARACIÓN
10 minutos

 COCCIÓN
8 a 10 minutos

INGREDIENTES

Spaghetti, *1 paquete*

Salsa de tomate, *1 lata*

Manteca, *150 g*

Vegetales congelados o de
lata, *3 tazas*
(brócoli, chauchas,
zanahorias)

Vino jerez, *1/2 vaso*

Queso provolone rallado,
4 cucharadas

Sal y pimienta, *a gusto*

Cocinar la pasta en abundante agua con sal hasta que esté cocida pero *al dente.*

Calentar la salsa. Aparte, fundir la manteca, saltear los vegetales hasta tiernizarlos, agregar el vino y la salsa caliente. Incorporar los *spaghetti*, mezclar bien sobre fuego, espolvorear con el queso y condimentar con sal y pimienta.

Variantes: *SE PUEDE UTILIZAR OTROS VEGETALES, COMO ARVEJAS Y HASTA PAPINES CORTADOS EN CUBOS; INCORPORAR, EN ESE CASO, 3 CUCHARADAS DE AJO Y PEREJIL PICADO.*

Para completar el menú: *TORTA FIAMBRE MOTEADA (pág. 40) y HELADO DE FRUTAS.*

Si usted tiene **1 paquete de tallarines**
2 latas de salsa de tomate
anchoas

*T*allarines alla puttanesca

 PORCIONES
5

 PREPARACIÓN
10 minutos

COCCIÓN
7 minutos

INGREDIENTES

Tallarines, *1 paquete*

Salsa de tomates, *2 latas*

Ajo y perejil, *2 cucharadas*

Anchoas, *6*

Aceitunas negras, *100 g*

Pimienta y ají molido,
a gusto

Cocinar los tallarines en abundante agua con sal hasta que estén tiernos pero *al dente*.

Aparte, colocar la salsa en un recipiente, agregar el ajo y perejil, las anchoas picadas y las aceitunas fileteadas. Condimentar con pimienta y ají molido, cocinar 4 o 5 minutos y salsear los fideos.

Nota: *SI LE AGRADA, PUEDE ENRIQUECER EL PLATO AGREGANDO 3 CUCHARADAS DE ALCAPARRAS.*

Para completar el menú: *SOPA PAVESA (pág. 172) y FRUTA DE LA ESTACIÓN.*

Si usted tiene **1 paquete de fideos tirabuzones
1 lata de corazones de alcauciles
1 lata de morrones**

*T*irabuzones alla romagnola

 PORCIONES
5

 PREPARACIÓN
8 minutos

 COCCIÓN
8 minutos

INGREDIENTES

Fideos tirabuzones,
1 paquete
Cebolla, *1*
Manteca, *100 g*
Corazones de alcauciles,
1 lata
Morrones, *1 lata*
Caldo, *1 pocillo*
Ajo y perejil, *2 cucharadas*
Queso rallado,
4 cucharadas

Cocinar la pasta en abundante agua hirviendo con sal hasta que estén tiernos pero *al dente.*

Rehogar la cebolla picada en la manteca, agregar los alcauciles cortados en rodajas, los morrones picados y el caldo. Agregar el ajo y perejil, cocinar 1 minuto e incorporar los fideos, moverlos hasta calentar bien y espolvorear con queso.

Nota: ENRIQUECER EL PLATO AGREGANDO A LA PREPARACIÓN 1 LATA DE PUNTAS DE ESPÁRRAGOS.

Para completar el menú: HAMBURGUESAS CON SALSA CREMOSA DE YEMAS (pág. 145) y MOUSSE DE LIMÓN (pág. 278).

Si usted tiene **1 paquete de fideos tirabuzones
1 frasco de champiñones
hongos secos**

𝒯irabuzones con salsa de hongos al queso

 PORCIONES
5

 PREPARACIÓN
10 minutos

 COCCIÓN
8 minutos

INGREDIENTES

Tirabuzones, *1 paquete*
Cebolla, *1*
Aceite, *3 cucharadas*
Manteca, *60 g*
Champiñones, *1 frasco*
Hongos secos,
3 cucharadas
Vino blanco, *1 vaso*
Tomates cubeteados, *1 lata*
Sal, pimienta y hierbas,
a gusto
Mozzarella, *200 g*

Cocinar la pasta en abundante agua con sal hasta que esté tierna pero *al dente*.

Rehogar la cebolla picada en el aceite y la manteca, agregar los champiñones y los hongos remojados en el vino y picados. Saltear y añadir los tomates cubeteados, condimentar con sal, pimienta y hierbas frescas picadas.

Cocinar a fuego suave 7 a 8 minutos. Mezclar con la pasta, agregar la mozzarella cortada en cubos y llevar unos minutos al horno para que se funda.

Nota: SE PUEDE ENRIQUECER ESTE PLATO AGREGANDO, CON LOS CHAMPIÑONES, 6 o 7 GÍRGOLAS CORTADAS EN TIRAS.

Para completar el menú: ENSALADA TIBIA DE CHAUCHAS (pág. 72) y COPAS DE CREMA ROSADA (pág. 264).

Si usted tiene **1 paquete de tapas de empanadas**
1 caja de puré de zapallo en copos

$\mathcal{T}$ortelli di zucca

 PORCIONES
6

 PREPARACIÓN
15 minutos

 COCCIÓN
7 a 8 minutos

INGREDIENTES

Tapas de empanadas,
1 paquete
Puré de zapallo en copos,
1 caja
Ralladura de limón,
1/2 cucharada
Mostaza, *1/2 cucharada*
Queso parmiggiano,
4 cucharadas
Amaretti o bizcochos
molidos, *4 cucharadas*
Nueces picadas,
3 cucharadas
Sal y pimienta, *a gusto*

Separar las tapas y estirarlas ligeramente para afinarlas. Preparar el puré de zapallo siguiendo las indicaciones del envase pero con 1 taza menos de agua para conseguir un puré bien consistente. Mezclarlo con la ralladura, la mostaza, el queso, los *amaretti* o bizcochos tipo agua molidos y las nueces, condimentar con sal y pimienta. Distribuir sobre los discos de masa, pincelar el reborde con agua o huevo, cerrar y ajustar bien, unir los extremos. Cocinar en agua con sal hasta que estén a punto, escurrirlos y servirlos con manteca, espolvoreados con queso.

Nota: ORIGINARIAMENTE, LOS TORTELLI LLEVAN MOSTARDA, QUE ES UNA PREPARACIÓN DE FRUTAS CON MOSTAZA.

Para completar el menú: POLLO A LA PROVENZAL CON ALBAHACA (pág. 157) y PERAS AL CHOCOLATE (pág. 280).

Si usted tiene **1 paquete de tapas de empanaditas para copetín, 1 lata de paté de pollo o pavo y 1 lata de espinaca**

$\mathcal{T}$ortellini a la romagna

 PORCIONES
4 a 5

 PREPARACIÓN
12 minutos

 COCCIÓN
7 a 8 minutos

INGREDIENTES

Tapas de empanadas para copetín, *1 paquete*
Espinaca, *1 lata*
Manteca, *20 g*
Paté de pollo o pavo, *1 lata*
Huevo, *1*
Queso parmiggiano, *4 cucharadas*
Sal, pimienta y nuez moscada, *a gusto*

Separar los discos de masa y estirarlos para afinarlos. Escurrir la espinaca, picarla y saltearla en la manteca, mezclar con el paté, el huevo y el queso, condimentar con sal, pimienta y nuez moscada. Distribuir sobre cada disco de masa, pincelar el reborde con agua o huevo, cerrar como una empanadita, unir los extremos y levantar el reborde. Cocinarlos en agua hirviendo con sal, escurrirlos y salsearlos con el contenido de 1 lata de salsa pomarola mezclada con 100 g de crema de leche.

Nota: *LOS* TORTELLINI *SE PUEDEN COCINAR EN UN CALDO SABROSO Y SERVIRLOS EN PLATOS SOPEROS CON UN BUEN QUESO RALLADO Y ALBAHACA PICADA.*

Para completar el menú: *EMPAREDADOS DE MORRONES A LA ALBAHACA (pág. 25) y FRUTA FRESCA.*

Vermicelli alle vongole

PORCIONES
5

PREPARACIÓN
5 minutos

COCCIÓN
5 minutos

INGREDIENTES

Vermicelli, *1 paquete*

Salsa pomarola, *1 lata*

Vino blanco seco, *1 vaso*

Perejil picado,
2 cucharadas

Conserva de tomate,
1 cucharadita

Berberechos, *1 lata*

Cocinar la pasta en abundante agua con sal, cuando estén tiernos pero *al dente*, escurrirlos. Aparte, calentar la salsa con el vino, el perejil y la conserva, agregar el agua de los berberechos y cocinar 2 o 3 minutos. Incorporar los berberechos, calentar y mezclar con la pasta.

Nota: SIN SER ALLE VONGOLE, SE PUEDE UTILIZAR *1 LATA DE MEJILLONES AL NATURAL O AL TOMATE EN VEZ DE BERBERECHOS.*

Para completar el menú: ENSALADA ESPECIAL DE HOJAS CON SÉSAMO TOSTADO *(pág. 67)* y FLAN A LA NUEZ *(pág. 268).*

Si usted tiene **1 lata de salsa napolitana**
1 lata de calamares en su tinta
arroz de cocción rápida (5')

*A*rroz express con calamares

 PORCIONES
4

 PREPARACIÓN
6 minutos

COCCIÓN
10 minutos

INGREDIENTES

Salsa napolitana, *1 lata*
Calamares en su tinta,
1 lata
Vino jerez, *1/2 copa*
Arroz, *250 g*
Agua, *700 cc*
Crema de leche, *50 g*
Perejil picado,
2 cucharadas

Colocar sobre fuego la salsa con los calamares, rociar con el jerez y cocinar 2 o 3 minutos. Agregar el arroz, el agua hirviendo y proseguir la cocción hasta que el arroz esté a punto, rociar con la crema y espolvorear con el perejil, dejarlo reposar, tapado, unos minutos.

Nota: SI UTILIZA UN ARROZ DE COCCIÓN NORMAL, RECUERDE QUE DEBE COLOCAR MÁS LÍQUIDO. EL TIEMPO DE COCCIÓN DEL ARROZ ES DE 17 A 18 MINUTOS.

Para completar el menú: SOPA PAVESA (pág. 172) y SAVARÍN MARISCAL (pág. 291)

Si usted tiene **2 tazas de arroz hervido**
4 salchichas de Viena

Croquetas cremosas

 PORCIONES
6

 PREPARACIÓN
18 minutos

 COCCIÓN
15 minutos

INGREDIENTES

Leche, *250 cc*
Aceite, *1 cucharada*
Harina, *2 cucharadas*
Cubo de caldo de carne, *1*
Arroz hervido, *2 tazas*
Queso rallado,
3 cucharadas
Salchichas de Viena, *4*
Huevos, pan rallado y
aceite, *cantidad necesaria*

Licuar la leche con el aceite, la harina y el cubo de caldo; colocar sobre fuego revolviendo hasta que rompa el hervor y espese. Mezclar con el arroz y agregar el queso; si se desea, añadir 2 cucharadas de perejil picado. Dejar enfriar, tomar porciones y colocar en el centro un trocito de salchicha, ajustar y pasarlas primero por pan rallado, luego por 2 huevos batidos y nuevamente por pan rallado. Freír en aceite caliente.

Variantes: EN LA MISMA FORMA SE PUEDEN PREPARAR OTRAS CROQUETAS, REEMPLAZANDO EL ARROZ POR 2 TAZAS DE POLLO COCIDO PICADO, O ESPINACA COCIDA O CARNE COCIDA Y PICADA.

Para completar el menú: POLLO A LA AMERICANA (pág. 154) y COPAS DE CREMA ROSADA (pág. 264).

Si usted tiene **1 lata de cazuela de mariscos**
1 lata de mejillones
1 lata de pulpo y 1/2 pollo

*P*aella super express

PORCIONES
6

PREPARACIÓN
15 minutos

COCCIÓN
25 minutos

INGREDIENTES
Pollo, 1/2
Salsa pomarola, 1 lata
Cazuelas de mariscos,
1 lata
Mejillones, 1 lata
Pulpo, 1 lata
Arroz de cocción rápida,
350 g
Azafrán, 1 cucharadita
Vino blanco, 1/2 vaso
Jugo de limón, 3
cucharadas

Cortar el pollo en presas pequeñas, dorarlas en aceite. Colocarlas en una paellera con la salsa pomarola, agregar 600 cc de caldo de ave y cocinar 10 minutos, agregar la cazuela de mariscos, los mejillones y el pulpo, cocinar 5 minutos más. Agregar el arroz, el azafrán diluido en el vino y el jugo de limón; rectificar el sabor con sal y pimienta de molinillo y agregar más agua o caldo si fuera necesario. Decorar, si se desea, con 1 lata de morrones cortados en tiras, 1 lata de arvejas y algunos camarones.

Nota: *EL ARROZ DE COCIMIENTO RÁPIDO SE COCINA EN POCO MÁS DE 5 MINUTOS. TAMBIÉN SE PUEDE UTILIZAR OTRO TIPO DE ARROZ CALCULANDO 18 MINUTOS DE COCCIÓN.*

Para completar el menú: *ENSALADA DE REMOLACHA CON KUMMEL (pág. 66) y MOLDEADO CREMOSO DE FRUTAS (pág. 277).*

Si usted tiene **3 tazas de arroz hervido**
2 pechugas de pollo
1 lata de salsa portuguesa

*P*astel de arroz y pollo a la portuguesa

 PORCIONES
5

 PREPARACIÓN
12 minutos

 COCCIÓN
20 minutos

INGREDIENTES

Pechugas de pollo, 2

Sal y pimienta, *a gusto*

Salsa portuguesa, *1 lata*

Arroz, *3 tazas*

Crema de leche, *200 g*

Huevo, *1*

Queso rallado,
3 cucharadas

Curry (optativo),
1 cucharadita

Cocinar las pechugas en agua hirviendo con sal hasta que estén tiernas, luego cortarlas en tiras y mezclarlas con la salsa. Aparte, mezclar el arroz con la crema, el huevo, el queso, curry, sal y pimienta. Colocar una porción en una tartera enmantecada, distribuir el pollo con la salsa y cubrir con el resto de arroz, llevar a horno moderado 20 minutos.

Variantes: SE PUEDE REEMPLAZAR LA SALSA POR-TUGUESA POR UNA SALSA PROVENZAL O SALSA AL PESTO O CUBRIR EL ARROZ CON RODAJAS DE MOZZARELLA ANTES DE COLOCAR EN EL HORNO.

Para completar el menú: SOPA CREMA DE VEGETALES (pág. 168) Y QUESO CON JALEA DE MEM-BRILLO.

Si usted tiene **arroz de cocimiento rápido**
1 lata de salsa condipizza o similar

🍕izza de arroz

 PORCIONES
6

 PREPARACIÓN
10 minutos

COCCIÓN
20 minutos

INGREDIENTES

Arroz de cocimiento
rápido, *250 g*
Huevo, *1*
Harina y queso rallado,
cantidad necesaria
Salsa condipizza o similar,
1 lata
Queso fresco, *200 g*
Aceitunas o anchoas,
a gusto

Cocinar 5 minutos el arroz como indica el envase, escurrirlo y mezclar con el huevo, 2 cucharadas de harina y 2 cucharadas de queso rallado. Acomodar en una pizzera aceitada, cocinar en horno moderado 12 minutos, cubrir con la salsa, el queso cortado en cubos y decorar con algunas aceitunas o tiritas de anchoas, proseguir la cocción hasta que el queso se funda.

Nota: EL ARROZ SE INTEGRA CON EL HUEVO, HARINA Y QUESO Y PUEDE CORTARSE PERFECTAMENTE. ESTE PLATO SE PUEDE PREPARAR CUANDO SOBRE ARROZ A LA MANTECA.

Para completar el menú: CUADRIL AL PATÉ *(pág. 118) y* TARTA DE DURAZNOS *(pág. 293).*

Si usted tiene **1 lata de corazones de alcauciles**
1 cápsula de azafrán

*R*isotto *con alcauciles*

 PORCIONES
4

 PREPARACIÓN
12 minutos

 COCCIÓN
18 minutos

INGREDIENTES

Cebolla, *1*
Ají rojo, *1*
Manteca, *80 g*
Jamón crudo en un trozo,
100 g
Arroz, *1 taza*
Cubos de caldo de ave, *2*
Azafrán, *1 cápsula*
Corazones de alcauciles,
1 lata
Jugo de limón, *3
cucharadas*

Picar la cebolla y el ají y cocinarlo en la mitad de la manteca, agregar el jamón cortado en tiritas y el arroz, saltearlo hasta que resulte transparente. Incorporar de a poco los cubos de caldo diluidos en 3 tazas de agua hirviendo, agregar el azafrán y los corazones de alcauciles cortados en cuartos. Rociar con el jugo de limón, añadir el resto de manteca, mezclar y cocinar 16 minutos, dejar reposar tapado unos minutos.

Variantes: *PUEDE PREPARAR EL* RISOTTO *UTILIZANDO ARROZ DE COCIMIENTO RÁPIDO (5 MINUTOS) Y REEMPLAZAR LOS ALCAUCILES POR ARVEJAS Y EL JAMÓN POR HONGOS SECOS O CHAMPIÑONES.*

Para completar el menú: *PROVOLETAS PAULINA (pág. 35) y PURÉ SOUFFLÉ DE MANZANAS (pág. 287).*

Si usted tiene **1 caja de** *risotto*

*R*isotto *con calabaza y* queso

 PORCIONES
5

 PREPARACIÓN
10 minutos

COCCIÓN
30 minutos

INGREDIENTES

Risotto a la normanda,
1 caja

Calabaza chica, *1*

Sal, pimienta y laurel,
a gusto

Queso cuartirolo, *200 g*

Queso sardo rallado,
3 cucharadas

Preparar el *risotto* siguiendo las indicaciones del envase. Aparte, pelar y cortar la calabaza en cubos, cocinarlos en agua con sal hasta que estén tiernos, escurrirlos y agregarlos al *risotto* junto con el queso, cortado también en cubos. Mezclar y servir bien caliente espolvoreado con el queso rallado.

Nota: *ESTE RISOTTO SE PUEDE ENRIQUECER AGREGANDO EL CONTENIDO DE 1 LATA DE CORAZONES DE ALCAUCILES O DE ESPÁRRAGOS.*

Para completar el menú: *ENSALADA NATALIA (pág. 70) y PERAS AL CHOCOLATE (pág. 280).*

*T*ortilla soufflée *de arroz*

PORCIONES
5

PREPARACIÓN
10 minutos

COCCIÓN
30 minutos

INGREDIENTES

Risotto, 1 caja
Huevos, 4
Queso rallado,
3 cucharadas
Arvejas, 1 lata

Preparar el *risotto* siguiendo las indicaciones del envase. Separar las yemas de las claras, mezclar el arroz con las yemas, el queso y las arvejas, agregar las claras batidas a nieve, mezclar suavemente y colocar en una tartera enmantecada; cocinar en horno moderado 25 a 30 minutos. También se puede cocinar en una sartén, sobre fuego, en la forma habitual.

Nota: SI QUIERE CONVERTIR LA TORTILLA EN UN PASTEL, DEBE COLOCAR LA PREPARACIÓN EN UNA FUENTE PARA HORNO, RESERVANDO LAS CLARAS. COCINAR EN HORNO MODERADO 18 MINUTOS, LUEGO CUBRIR CON LAS CLARAS BATIDAS A NIEVE Y GRATINAR EN HORNO CALIENTE.

Para completar el menú: POLLO A LA SCARPETTA (*pág. 158*) y MANZANAS EN CROÛTE (*pág. 272*).

𝒫olenta a los cuatro quesos

PORCIONES
5 a 6

PREPARACIÓN
12 minutos

COCCIÓN
12 minutos

INGREDIENTES
Harina de maíz de cocimiento rápido, *300 g*
Agua, *600 cc*
Leche, *250 cc*
Sal, *a gusto*
Queso roquefort, gruyere y mozzarella, *350 g*
Queso parmesano rallado, *4 cucharadas*
Manteca, *70 g*

Hacer hervir el agua con la leche y sal, agregar la harina de maíz en forma de lluvia, revolver con cuchara de madera, cocinar 3 minutos. Verterla en una asadera humedecida y dejarla enfriar, cortarla en bastones de 5 cm de ancho. Armar en una fuente para horno una base de bastones, salpicar con trocitos de los 3 quesos y espolvorear con el parmesano y trocitos de manteca, acomodar otra capa de polenta en sentido vertical respecto de la primera, colocar los quesos, manteca y repetir hasta finalizar los ingredientes. Llevar a horno moderado en el momento de utilizar dejando que los cuatro quesos comiencen a fundirse.

Nota: *SE PUEDE ARMAR EL PLATO CON LA POLENTA CALIENTE, COLOCAR UNA CAPA EN UNA FUENTE ENMANTECADA, DISTRIBUIR LOS TRES QUESOS SEPARADOS UNOS DE OTROS, ESPOLVOREAR CON EL PARMESANO Y REPETIR POLENTA, QUESOS Y MANTECA, GRATINAR Y SERVIR. TAMBIÉN SE PUEDE CUBRIR LA PARTE SUPERIOR CON 1 LATA DE SALSA DE TOMATE.*

Para completar el menú: *BUDÍN DE ESPINACA (pág. 202) y PURÉ SOUFFLÉ DE MANZANAS (pág. 287).*

Si usted tiene **harina de maíz saborizada**
brócoli congelados
salsa de tomate pomarola o napolitana

*P*olenta napolitana con brócoli

PORCIONES
5

PREPARACIÓN
15 minutos

COCCIÓN
30 minutos

INGREDIENTES

Polenta saborizada, 350 g
(Champiñones, napolitana,
pollo y verdura)
Agua, *1 lata*
Sal, *a gusto*
Cebolla, *1*
Brócoli congelado,
1 paquete
Queso rallado, *1/2 taza*
Jamón cocido o crudo,
100 g
Salsa de tomate, *1 lata*
Mozzarella, *150 g*
Huevos duros, *2*

Cocinar la polenta en el agua siguiendo las indicaciones del envase. Aparte, cocinar la cebolla picada en la manteca, agregar los brócoli pasados por agua hirviendo y picados grandes, cocinar 1 o 2 minutos. Retirar del fuego y condimentar con sal, pimienta, 2 cucharadas de queso, agregar el jamón picado. Colocar 2 cucharadas de salsa en una fuente para horno, acomodar una capa de polenta, cubrir con los brócoli, rodajas de mozzarella, huevos duros, repetir los ingredientes y finalizar con salsa y queso rallado, llevar a horno moderado 20 minutos.

Nota: *EL BRÓCOLI SE PUEDE REEMPLAZAR POR OTRAS VERDURAS CONGELADAS, POR EJEMPLO ESPINACAS, CHAUCHAS O HABAS. TAMBIÉN SE PUEDEN UTILIZAR BERENJENAS FRESCAS, PELADAS Y CORTADAS EN CUBOS Y SALTEADAS JUNTO CON LA CEBOLLA Y LA MANTECA..*

Para completar el menú: *ENSALADA TIBIA DE CHAUCHAS (pág. 72) y POMELOS AZUCARADOS.*

Vegetales y legumbres

Si usted tiene **1 lata de corazones de alcauciles**

Bocados especiales de alcauciles

 PORCIONES
5

 PREPARACIÓN
15 minutos

 COCCIÓN
15 minutos

INGREDIENTES

Alcauciles, 1 *lata*

Harina leudante, 2 *tazas*

Queso sardo rallado,
4 cucharadas

Perejil picado,
2 cucharadas

Sal, pimienta y nuez
moscada, *a gusto*

Huevos, 3

Cerveza, *cantidad necesaria*

Aceite, *para freír*

Escurrir los alcauciles y secarlos con papel de cocina. Mezclar la harina con el queso y el perejil, condimentar con sal, pimienta y nuez moscada. Agregar los huevos ligeramente batidos, y cerveza hasta formar una pasta de buñuelos. Pasar los corazones de alcauciles por la pasta y freírlos en aceite caliente hasta dorarlos, escurrirlos sobre papel. Servir acompañados de salsa de tomate.

Variantes: *EN LA MISMA FORMA SE PUEDEN PREPARAR BOCADITOS CON OTROS VEGETALES, RAMITOS DE COLIFLOR O DE BRÓCOLI, CHAMPIÑONES, PAPINES, ETC.*

Para completar el menú: *CUADRIL AL PATÉ (pág. 118) y CRÊPES CON DULCE Y CREMA.*

Si usted tiene **1 paquete de espinaca congelada**
1 sopa crema de cebolla

*B*udín de espinaca

 PORCIONES
5

 PREPARACIÓN
12 minutos

 COCCIÓN
40 minutos

INGREDIENTES

Espinaca congelada,
1 paquete
Sopa crema de cebolla,
1 paquete
Leche, *500 cc*
Huevos, *4*
Queso parmesano o similar
rallado, *3 cucharadas*

Descongelar la espinaca y picarla. Mezclar la sopa crema con la leche y los huevos ligeramente batidos, agregar la espinaca y el queso, condimentar con poca sal y un toque de pimienta. Colocar en un molde de budín inglés, aceitado y espolvoreado con pan rallado. Cocinar en horno moderado 40 minutos, dejar pasar el calor fuerte y desmoldar.

Variantes: *SE PUEDE UTILIZAR SOPA CREMA DE OTRO SABOR POR EJEMPLO ZAPALLO, TOMATE U HONGOS Y ENRIQUECER EL BUDÍN AGREGANDO 100 G DE JAMÓN COCIDO PICADO, 1 LATA DE ARVEJAS O 1 LATA DE ZANAHORIAS BABY.*

Para completar el menú: *TRUCHA CON SALSA DE ALCAPARRAS (pág. 103) y BOCHAS DE HELADO SOBRE OBLEAS CON SALSA DE CHOCOLATE.*

Si usted tiene **1 paquete de *crêpes***
1 lata de espárragos

*C*rêpes de espárragos y jamón al curry

PORCIONES
4 a 5

PREPARACIÓN
10 minutos

COCCIÓN
12 minutos

INGREDIENTES

Crêpes, *1 paquete*
Espárragos, *1 frasco*
Jamón cocido, *150 g*
Queso fresco, *250 g*
Crema de leche, *350 g*
Sal, pimienta y curry,
a gusto
Queso rallado,
3 cucharadas

Acomodar sobre cada *crêpe* 2 o 3 espárragos, una porción de jamón picado y un trozo de queso fresco. Arrollarlos y colocarlos en una fuente térmica enmantecada. Condimentar la crema con sal, pimienta y una cucharadita colmada de curry, verter sobre los *crêpes,* espolvorear con el queso y calentar en horno moderado.

Nota: *PARA CONVERTIR LOS* CRÊPES *ARROLLADOS EN PAQUETITOS, UBICAR EL RELLENO EN EL CENTRO, LEVANTAR LOS BORDES Y SUJETAR CON TIRITAS DE HOJAS DE PUERRO VERDE PASADAS POR AGUA CALIENTE, COLOCAR LA SALSA EN LA BASE DEL PLATO O FUENTE Y LOS PAQUETITOS O* AUMONIERE *ENCIMA.*

Para completar el menú: *ENSALADA APETITOSA (pág. 61) y TARTA DE DURAZNOS (pág. 293).*

Si usted tiene **1 lata de chauchas o chauchas congeladas
1 lata de salsa de tomate**

Chauchas a la crema turinesa

 PORCIONES
5

 PREPARACIÓN
10 minutos

COCCIÓN
12 minutos

INGREDIENTES

Chauchas, *1 paquete*
Manteca, *50 g*
Salsa de tomate, *1 lata*
Vermut, *4 cucharadas*
Jamón crudo, *100 g*
Albahaca, *2 cucharadas*
Aceitunas negras, *100 g*
Crema de leche, *100 g*
Huevos, *5*

Saltear las chauchas en la manteca, agregar la salsa de tomate, el vermut, el jamón cortado en juliana, la albahaca picada y las aceitunas fileteadas, cocinar 5 minutos y agregar la crema. Formar 5 huecos y cascar los huevos; cocinar hasta que la clara esté cocida y las yemas jugosas.

Variante: SE PUEDE REEMPLAZAR EL JAMÓN CORTADO POR PANCETA AHUMADA, EN ESE CASO SALTEAR APARTE LA PANCETA, PARA DESGRASARLA, Y LUEGO MEZCLARLA CON LA PREPARACIÓN.

Para completar el menú: HAMBURGUESAS A LA FRANCESA (pág. 126) y ENSALADA DE FRUTAS.

*C*hucrut a la alemana

PORCIONES
6 a 8

PREPARACIÓN
18 minutos

COCCIÓN
25 minutos

INGREDIENTES

Chucrut, *1 lata*
Aceite de oliva,
3 cucharadas
Panceta ahumada en un
trozo, *100 g*
Lomito de cerdo, *200 g*
Vino blanco, *1 vaso*
Jenjibre, *1 cucharadita*
Manzanas Granny Smith, *2*
Salchichas de Viena,
1 por porción
Panceta ahumada cortada
en fetas, *1 por salchicha*

Blanquear el chucrut en agua tibia durante 15 minutos, luego escurrirlo y colocarlo en una cazuela. Cubrir con agua y agregar el aceite, la panceta cortada en tiras y el lomito cortado en cubos, rociar con el vino y el jenjibre. Pelar las manzanas, cortarlas en cuartos, quitarles los centros y las semillas e incorporarlas al chucrut, cocinar tapado, revolviendo de vez en cuando. Aparte, envolver las salchichas en la panceta y rehogarlas en sartén limpia. Cuando el líquido del chucrut se haya reducido, acomodar encima las salchichas, calentar y servir.

Nota: *AUMENTE LAS PORCIONES DE CHUCRUT, AGREGANDO JUNTO CON LAS MANZANAS EL CONTENIDO DE 1 LATA DE PAPINES.*

Para completar el menú: *ENSALADA DE POLLO Y SALSA DE NUEZ (pág. 65) y FRUTA.*

Si usted tiene **1 lata de espárragos**
1 lata de morrones

𝓕lan de espárragos y morrones

PORCIONES
5

PREPARACIÓN
8 minutos

COCCIÓN
45 a 50 minutos

INGREDIENTES

Espárragos, *1 lata*

Leche, *750 cc*

Huevos, *5*

Sal, pimienta y estragón,

a gusto

Morrones, *1 lata*

Jamón cocido, *100 g*

Queso rallado,

3 cucharadas

Licuar o procesar los espárragos con la leche y los huevos; condimentar con sal, pimienta blanca de molinillo y estragón, agregar los morrones y el jamón picados. Añadir el queso, mezclar y colocar en budinera enmantecada y espolvorear con azúcar o pan rallado, cocinar a baño de María en horno moderado 45 a 50 minutos. Dejar enfriar, desmoldar y acompañar con ensalada.

Nota: PARA NO TENER PROBLEMAS AL DESMOLDAR ES CONVENIENTE COLOCAR, EN LA BASE DE LOS MOLDES PAPEL MANTECA O METALIZADO.

Para completar el menú: HAMBURGUESAS A LA AMERICANA (pág. 125) y FRUTA FRESCA.

ratín de chauchas

 PORCIONES
5

 PREPARACIÓN
15 minutos

 COCCIÓN
18 minutos

INGREDIENTES

Chauchas, *1 paquete*

Manteca, *100 g*

Hongos secos,
3 cucharadas

Vino blanco, *1/2 vaso*

Leche, *650 cc*

Harina, *2 cucharadas*

Jamón cocido, *100 g*

Queso rallado,
4 cucharadas

Saltear las chauchas con la mitad de la manteca. Remojar los hongos en el vino, luego picarlos. Cocinar el resto de la manteca con la leche y la harina revolviendo siempre hasta que rompa el hervor y tome consistencia cremosa. Mezclar con los hongos y el vino, agregar el jamón picado y la mitad del queso. Mezclar la mitad de la salsa con las chauchas, colocar en una cazuela y cubrir con el resto de la salsa, espolvorear con el queso y gratinar en horno caliente.

Variantes: *EN LA MISMA FORMA PUEDE PREPARAR BRÓCOLI CONGELADO O MACEDONIA DE VERDURAS CONGELADA.*

Para completar el menú: PASTEL MARINO *(pág. 94) y* PERAS AL CHOCOLATE *(pág. 280).*

Si usted tiene **1 lata de choclo entero, 1 lata de choclo cremoso y 1 lata de salsa pomarola 1 bandeja de medallones de calabaza**

H̶umita sobre medallones de calabaza

 PORCIONES
5

 PREPARACIÓN
10 minutos

 COCCIÓN
30 minutos

INGREDIENTES

Salsa pomarola, *1 lata*
Choclo entero, *1 lata*
Choclo cremoso, *1 lata*
Queso cuartirolo, *200 g*
Medallones de calabaza,
1 bandeja
Aceite, *3 cucharadas*
Sal y pimienta, *a gusto*

Calentar la salsa, agregar el choclo entero y el cremoso bien escurridos, cocinar a fuego suave 8 a 10 minutos. Si es necesario, rectificar el sabor con sal y pimienta. Aparte, distribuir los medallones de calabaza en una asadera sin superponerlos, rociarlos con el aceite, condimentarlos con sal y pimienta, agregar una base de 1 a 2 cm de agua, cocinar en horno moderado hasta que al pinchar las calabazas estén tiernas. Acomodar los medallones en una fuente para horno, distribuir encima la humita y salpicar con el queso cortado en cubitos, gratinar en el momento de servir.

Nota: *SI DESEA SERVIR LA HUMITA EN CAZUELITAS, AGREGUE LAS RODAJAS DE CALABAZA CORTADAS EN CUBOS Y COCIDAS EN AGUA CON SAL.*

Para completar el menú: *PATÉ DE CAMPAÑA (pág. 32) y FRUTA.*

Si usted tiene **1 lata de macedonia de verduras
1 lata de alcauciles**

Minestra de verduras

 PORCIONES
5

 PREPARACIÓN
12 minutos

 COCCIÓN
15 minutos

INGREDIENTES

Cebolla, *1*
Aceite, *4 cucharadas*
Ají rojo, *1*
Jamón crudo en trozo,
100 g
Macedonia de verduras,
1 lata grande
Alcauciles, *1 lata*
Caldo, *1 pocillo*
Huevos, *1 por comensal*
Sal y pimienta, *a gusto*

En una cazuela chata, rehogar la cebolla picada en el aceite, agregar el ají rojo cortado en tiritas finas y el jamón también en trocitos. Saltear 1 minuto y agregar la macedonia y los alcauciles, rociar con el caldo y cocinar 5 minutos. Formar 5 huecos en la preparación y cascar en ellos los huevos, condimentar con sal y pimienta y cocinar hasta que las claras estén cocidas y las yemas tiernas.

Nota: *LA MINESTRA PUEDE LLEVAR: 1 LATA DE ESPÁRRAGOS, 1 LATA DE PAPINES, 1 LATA DE CHAUCHAS Y OTRA DE ARVEJAS. TAMBIÉN RAMITOS DE COLIFLOR O BRÓCOLI.*

Para completar el menú: *PAVO CON SALSA AGRIDULCE (pág. 150) y BABA AL RON CON MACEDONIA DE FRUTAS (pág. 259).*

Si usted tiene **1 paquete de sopa crema de choclo**
1 lata de choclo entero

$\mathcal{P}$an de maíz y ricota

 PORCIONES
6

 PREPARACIÓN
8 minutos

 COCCIÓN
40 minutos

INGREDIENTES

Sopa crema, *1 paquete*
Choclo entero, *1 lata*
Ricota, *450 g*
Queso gruyere o similar
rallado, *5 cucharadas*
Sal, pimienta y nuez
moscada, *a gusto*
Huevos, *4*
Leche, *500 cc*

Mezclar el polvo de la sopa crema con el choclo escurrido, agregar la ricota, condimentar con el queso, poca sal, pimienta y nuez moscada. Batir ligeramente los huevos con la leche, agregar a la preparación y mezclar hasta integrar bien todo. Colocar en un molde de budín inglés aceitado y espolvoreado con azúcar, bizcochos molidos o pan rallado. Cocinar a baño de María en horno moderado durante 40 minutos; verificar la cocción, dejar pasar el calor fuerte y desmoldar. Salsear con un salsa blanca preparada según las indicaciones del envase.

Variantes: *SE PUEDE CAMBIAR EL SABOR DEL PAN UTILIZANDO SOPA CREMA DE ARVEJAS Y 1 LATA DE ARVEJAS O SOPA CREMA DE ESPÁRRAGOS Y 1 LATA DE ESPÁRRAGOS.*

Para completar el menú: *PASTELES DE CA-BALLA (pág. 253) y SAVARÍN DE MANZANAS Y ARROZ (pág. 290).*

Si usted tiene **1 lata de morrones**
espinaca congelada
puré en copos

$\mathscr{P}$astel de tortillas

 PORCIONES
6

 PREPARACIÓN
15 minutos

 COCCIÓN
30 minutos

INGREDIENTES

Puré en copos, *1 caja*

Morrones, *1 lata*

Espinaca congelada,
1 paquete

Queso parmesano rallado,
1 taza

Huevos, *6*

Manteca, *30 g*

Preparar el puré siguiendo las indicaciones del envase pero con 1 pocillo menos de líquido. Escurrir los morrones y procesarlos o picarlos. Realizar lo mismo con la espinaca. Mezclar los morrones con 3 cucharadas de puré, 3 cucharadas de queso rallado y 2 huevos. Repetir con la espinaca.

Mezclar el resto de queso, huevos y puré. Colocar en una tartera aceitada la mezcla de morrones, encima la de puré blanco y por último la de espinaca. Distribuir encima la manteca en trocitos, cocinar en horno moderado 30 a 35 minutos.

Nota: *SE PUEDE COCINAR CADA PREPARACIÓN POR SEPARADO EN SARTÉN, COMO UNA TORTILLA COMÚN, LUEGO SUPERPONERLAS Y SERVIRLAS SALSEADAS CON TOMATE NATURAL.*

Para completar el menú: *HAMBURGUESAS A LA AMERICANA (pág. 125) y MANZANAS EN CROÛTE (pág. 272).*

Si usted tiene **1 lata de salsa pomarola**
1 paquete de pan lácteo
1 lata de arvejas

*P**astel pomarola*

 PORCIONES
6 a 8

 PREPARACIÓN
12 minutos

 COCCIÓN
30 minutos

INGREDIENTES

Pan lácteo, *10 a 12 rodajas*
Pomarola, *1 lata*
Jamón cocido, *100 g*
Ricota, *300 g*
Huevos, *3*
Queso rallado,
4 cucharadas
Arvejas, *1 lata*
Tomates, *2*
Sal, pimienta y albahaca,
a gusto

Tapizar la base y los bordes de una tartera desmontable con las rodajas de pan descortezadas, rociarlas con aceite o manteca fundida y dorarlas en horno caliente 10 a 12 minutos. Aparte, mezclar la salsa pomarola con el jamón picado, la ricota, los huevos y el queso rallado y las arvejas, condimentar con sal, pimienta y albahaca picada. Colocar dentro del molde y decorar con los tomates cortados en rodajitas, cocinar en horno moderado 20 minutos.

Nota: LAS RODAJAS DE PAN SE PUEDEN REEMPLAZAR POR UN PIONONO PARA TAPIZAR EL MOLDE.

Para completar el menú: PASTELES DE PAPA CON ATÚN A LA ROMANA (pág. 95) y ANANÁ EN ALMÍBAR.

Si usted tiene **1 caja de puré de papas en copos**
5 *zucchini,* salsa para pizza
1 paquete de salchichas

ℐizza de zucchini y papas

 PORCIONES
6

 PREPARACIÓN
12 minutos

COCCIÓN
20 minutos

INGREDIENTES

Puré de papas en copos,
1 caja
Zucchini, *5*
Huevo, *1*
Harina, *2 cucharadas*
Queso rallado,
4 cucharadas
Salchichas de Viena, *6*
Salsa para pizza o
pomarola, *1 lata*
Queso fresco o mozzarella,
150 g

Preparar el puré siguiendo las indicaciones del envase pero con 1 taza menos de líquido. Aparte cocinar en agua con sal los *zucchini* cortados en cubos, cuando estén tiernos pero crujientes, escurrirlos muy bien. Mezclar con el puré y agregar el huevo, la harina, el queso rallado y las salchichas cortadas en rodajas, condimentar con poca sal, colocar en una pizzera aceitada y ajustar con una cuchara. Cubrir con la salsa y cocinar en horno caliente 15 minutos, distribuir encima el queso cortado en rodajas y colocar nuevamente en el horno hasta que el queso de funda.

Nota: *EL AGREGADO DE HUEVO, HARINA Y QUESO RALLADO, HACE QUE LA PREPARACIÓN TOME CONSISTENCIA AL COCINARSE Y PUEDA CORTARSE CON FACILIDAD.*

Para completar el menú: *PATITAS CON SALSA DE ACEITUNAS (pág. 148) y RAVIOLES DULCES (pág. 288).*

Si usted tiene **1 lata de jardinera de verduras**
1 lata de morrones

*T*ortilla de vegetales al horno

 PORCIONES
4 a 5

 PREPARACIÓN
10 minutos

 COCCIÓN
25 minutos

INGREDIENTES

Cebollas de verdeo, 3

Manteca, *30 g*

Jardinera de vegetales,
1 lata

Huevos, *4*

Sal, pimienta y perejil,
a gusto

Morrones, *1 lata*

Queso rallado, *3 cucharada*

Cortar las cebollas en rodajitas, cocinar en la manteca, agregar la jardinera escurrida, saltear y retirar del fuego. Batir ligeramente los huevos, condimentar la sal, pimienta y 2 cucharadas de perejil, agregar los morrones cortados en tiras y el queso. Agregar a la jardinera y colocar en una tartera enmantecada, cocinar en horno moderado 20 a 25 minutos.

Nota: *ESTA TORTILLA SE PUEDE COCINAR TAMBIÉN EN SARTÉN EN LA FORMA CONVENCIONAL.*

Para completar el menú: *PAN ESPECIAL DE CARNE (pág. 130) y TORTA INVERTIDA (pág. 295).*

*T*ortilla crocante

PORCIONES
5

PREPARACIÓN
12 minutos

COCCIÓN
20 minutos

INGREDIENTES

Puerros, 3

Manteca, *50 g*

Espárragos,·

1 frasco grande

Huevos, *4*

Queso parmesano rallado,

4 cucharadas

Sal y pimienta, *a gusto*

Salsa napolitana, *1 lata*

Masa *phila*, *1 plancha*

Manteca, *20 g*

Cortar los puerros en rodajitas finas, cocinarlos en la mitad de la manteca, agregar los espárragos cortados en trozos, retirar del fuego. Mezclar con los huevos ligeramente batidos y el queso, condimentar con sal y pimienta. Cocinar la tortilla en la forma habitual o al horno. Cubrir la tortilla con la salsa, que debe ser bien densa, cubrirla con la masa *phila*. Pincelar la masa con el resto de manteca fundida, cocinar en horno caliente hasta dorar.

Variantes: *LOS ESPÁRRAGOS SE PUEDEN SUPLANTAR POR CORAZONES DE ALCAUCILES U OTRO VEGETAL A GUSTO.*

Para completar el menú: *CUADRIL CON SALSA Y VEGETALES (pág. 119), y FRUTAS.*

Si usted tiene **1 lata de choclo entero**
1 paquete de choclo congelado

*T*ortilla de choclo merengada

 PORCIONES
6

 PREPARACIÓN
12 minutos

 COCCIÓN
20 minutos

INGREDIENTES

Cebolla, *1*
Manteca, *30 g*
Jamón cocido, *50 g*
Choclo, *1 lata o 1 paquete*
Queso gruyere rallado,
4 cucharadas
Zanahoria rallada, *1*
Sal y pimienta, *a gusto*
Perejil picado, *1 cucharada*
Huevos, *3*
Yemas, *2*
Claras, *2*
Azúcar, *1 cucharada*

Rehogar la cebolla picada en la manteca, agregar el jamón picado y el choclo escurrido, saltear y retirar del fuego. Añadir el queso rallado y la zanahoria, condimentar con sal, pimienta y el perejil, mezclar con los huevos y las yemas ligeramente batidas. Cocinar en sartén como una tortilla común o al horno en una tartera enmantecada. Batir aparte las claras hasta espumarlas, agregar el azúcar y seguir batiendo hasta obtener un merengue firme, distribuir sobre la tortilla y gratinar en horno caliente.

Variante: *SI LO DESEA, PUEDE SUPRIMIR EL ME-RENGUE Y CUBRIR LA TORTILLA, DESPUÉS DE COCIDA, CON SALSA DE TOMATE Y RODAJAS DE MOZZARELLA. GRATINAR EN HORNO CALIENTE.*

Para completar el menú: *FRITOS DE PESCA-DO CON SALSA DE BERROS Y NUEZ (pág. 88), y FRUTA.*

$\mathcal{V}$egetales en croûte de tomate y anchoas

 PORCIONES
5

 PREPARACIÓN
10 minutos

COCCIÓN
15 a 20 minutos

INGREDIENTES

Cebollas, *1/2 kilo*
Calabaza congelada,
1 paquete
Chauchas congeladas,
1 paquete
Cubos de caldo de carne, 2
Aceite, *2 cucharadas*
Tomates cubeteados, *1 lata*
Anchoas, *3*
Queso rallado,
3 cucharadas
Leche o yogur natural,
100 cc

Pelar y cortar las cebollas más bien finas, acomodarlas en una fuente térmica, agregar las calabazas en cubos y las chauchas. Diluir los cubos de caldo en 250 cc de agua, verter sobre los vegetales, rociar con el aceite y cocinar en horno moderado 15 minutos. Mezclar el tomate con las anchoas picadas, el queso rallado y la leche o yogur, condimentar con poca sal, pimienta y albahaca, verter sobre la preparación y proseguir la cocción en horno caliente 15 a 20 minutos más.

Nota: *EN ESTE PASTEL SE PUEDEN UTILIZAR TODO TIPO DE VEGETALES CONGELADOS O EN LATA.*

Para completar el menú: CUADRIL A LA CACEROLA CON CREMA DE CHOCLO (pág. 117) y FRUTAS MOLDEADAS (pág. 270).

Si usted tiene **1 caja de *risotto***

apallitos rellenos

PORCIONES
6

PREPARACIÓN
15 minutos

COCCIÓN
20 minutos

INGREDIENTES

Zapallitos, 6

Risotto, *1 caja*

Huevos, 2

Pan rallado, *3 cucharadas*

Queso rallado,
3 cucharadas

Cocinar los zapallitos en agua con sal hasta que estén tiernos, escurrirlos, partirlos por la mitad y ahuecarlos, picar la pulpa extraída. Preparar el *risotto* siguiendo las indicaciones del envase, mezclar con la pulpa de los zapallitos y los huevos, distribuir dentro de ellos el arroz. Mezclar el pan rallado con el queso y espolvorear los zapallitos, rociar con aceite o trocitos de manteca y gratinar en horno caliente.

Variantes: SE PUEDEN UTILIZAR OTROS VEGETALES, POR EJEMPLO BERENJENAS, CEBOLLAS, TOMATES.

Para completar el menú: BLANQUETA DE ROAST BEEF *(pág. 108)* y CRÊPES DE MANZANA AL CARAMELO *(pág. 265)*.

Si usted tiene **1 lata de porotos alubias**
1 lata de tomates cubeteados

*A**lubias a la vizcaína***

 PORCIONES
4 a 5

 PREPARACIÓN
10 minutos

 COCCIÓN
18 minutos

INGREDIENTES

Cebolla, *1*

Aceite, *3 cucharadas*

Ajo, *2 dientes*

Tomates cubeteados, *1 lata*

Sal, pimienta y pimentón,
a gusto

Chorizo colorado, *1*

Porotos alubias, *1 lata*

Arroz, *5 cucharadas
colmadas*

Picar la cebolla y cocinar en el aceite con los dientes de ajo picados, agregar el tomate y condimentar con sal, pimienta y 1 cucharadita de pimentón. Añadir el chorizo cortado en tajadas y los porotos, agregar 400 cc de agua o caldo, cuando rompe el hervor, agregar el arroz y cocinar 18 minutos. Dejar reposar tapado 2 o 3 minutos y servir.

Nota: ESTA CAZUELA DEBE QUEDAR ALGO ESPESA PERO JUGOSA.

Para completar el menú: EMPANADAS DE HOJALDRE *(pág. 247)* Y PORCIONES AL LIMÓN *(pág. 282).*

Si usted tiene **1 lata de garbanzos**
1 lata de chucrut

*C*azuela de garbanzos al azafrán

 PORCIONES
5

 PREPARACIÓN
8 minutos

COCCIÓN
20 minutos

INGREDIENTES

Cebolla, *1*

Ajo, *2 dientes*

Aceite, *3 cucharadas*

Panceta ahumada, *150 g*

Chucrut, *1 lata*

Garbanzos, *1 lata*

Cubos de caldo de carne, *2*

Azafrán en rama,
1/2 cucharada

Perejil picado,
2 cucharadas

Croûtons de pan tostado,
1 taza

Picar la cebolla y los dientes de ajo, cocinar en el aceite, agregar la panceta cortada en tiritas, saltear y añadir el repollo lavado en un colador con agua y los garbanzos. Diluir los cubos de caldo en una taza de agua caliente junto con el azafrán, rociar la preparación y cocinar tapado a fuego moderado 20 minutos, espolvorear con el perejil y agregar los *croûtons*. Servir en cazuelitas.

Nota: *SE PUEDE ENRIQUECER LA PREPARACIÓN AÑADIENDO CHORIZO CANTIMPALO, PECHITO DE CERDO O AUMENTAR LA CANTIDAD CON 1 LATA DE PAPINES O 1 PAQUETE DE HABAS CONGELADAS.*

Para completar el menú: *EMPANADAS DE VERDEO (pág. 246) y SAVARÍN MARISCAL (pág. 291).*

*C*azuela de lentejas del caserío

PORCIONES
6

PREPARACIÓN
15 minutos

COCCIÓN
25 a 30 minutos

INGREDIENTES

Panceta ahumada en un
trozo, *100 g*

Salsa pomarola, *1 lata*

Lentejas, *1 lata*

Papas grandes, *3*

Acelga, *1 paquete*

Huevos, *6*

Croûtons de pan, *2 tazas*

Perejil picado,
3 cucharadas

Cortar la panceta en tiritas y colocarlas sobre fuego suave hasta que comiencen a soltar su propia grasa. Agregar la salsa pomarola, las lentejas y las papas peladas y cortadas en cubos, añadir 1 pocillo de agua o caldo, cocinar tapado hasta que las papas estén tiernas. Luego, agregar la acelga y cascar los huevos dentro de la preparación.

Aparte, dorar en aceite o al horno los *croûtons* de pan. Cuando la clara de los huevos esté cocida y las yemas blandas, salpicar con los *croûtons* y el perejil. Servir bien caliente.

Nota: SE PUEDE ENRIQUECER LA CAZUELA, AGREGANDO 1 MORCILLA O 1 CHORIZO CANTIMPALO CORTADO EN RODAJAS.

Para completar el menú: SOPA DORADA *(pág. 169) y* DURAZNOS RELLENOS MERENGADOS *(pág. 266).*

$\mathcal{C}$azuela de porotos

 PORCIONES
4

 PREPARACIÓN
12 minutos

 COCCIÓN
18 minutos

INGREDIENTES

Ajo, *1/2 cabeza*

Porotos colorados, *1 lata*

Salsa napolitana, *1 lata*

Vino blanco, *1 vaso*

Cubos de caldo de carne, *2*

Arroz, *1 taza*

Colocar los dientes de ajo sobre una asadera en el horno hasta que estén tiernos. Escurrir los porotos. Colocar la salsa en una cazuela, calentar, rociar con el vino y agregar los porotos. Retirar la pulpa de los ajos asados y agregarlos a la cazuela, incorporar 2 tazas de agua hirviendo con los cubos de caldo y el arroz, cocinar 18 minutos. Dejar reposar tapado 2 o 3 minutos y servir espolvoreando con perejil y tomillo.

Nota: LA PULPA DE LOS AJOS ASADOS DA UN SABOR AHUMADO ESPECIAL A LAS PREPARACIONES. ESTE PLATO SE PUEDE ENRIQUECER CON 1 TROZO DE PANCETA O CHORIZO CANTIMPALO.

Para completar el menú: PALMITOS CON SALSA DE FRUTAS (pág. 30) y MOUSSE DE LIMÓN (pág. 278).

Si usted tiene **1 lata de porotos blancos
1 lata de porotos pallares
panceta fresca y morcillas**

Fabada

PORCIONES
5

PREPARACIÓN
8 minutos

COCCIÓN
15 minutos

INGREDIENTES
Cebolla, *1*
Panceta fresca, *100 g*
Porotos blancos, *1 lata*
Porotos pallares, *1 lata*
Ajo y perejil, *2 cucharadas*
Caldo de carne, *1 taza*
Morcillas, *2*

Picar la cebolla y cocinarla en 3 cucharadas de aceite con la panceta cortada en tiritas. Agregar los porotos escurridos, el ajo y perejil, condimentar con sal, pimienta y 1 cucharadita de pimentón. Rociar con el caldo y agregar las morcillas, cocinar tapado a fuego suave 12 a 15 minutos.

Variante: *SE PUEDE AGREGAR A LA FABADA 4 o 5 COSTILLITAS DE CERDO CORTADAS EN TIRAS, SALTEARLAS JUNTO CON LA CEBOLLA Y LA PANCETA.*

Para completar el menú: *CIMA DE POLLO (pág. 141) y MASITAS CON CREMA DE CHOCOLATE (pág. 274).*

Si usted tiene **2 latas de garbanzos**
1 lata de papines
1 lata de salsa pomarola

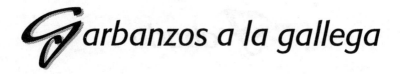 arbanzos a la gallega

 PORCIONES
5

 PREPARACIÓN
8 minutos

 COCCIÓN
12 minutos

INGREDIENTES

Garbanzos, *2 latas*
Papines, *1 lata*
Salsa pomarola, *1 lata*
Chorizo cantimpalo, *1*
Pimentón, *1 cucharadita*
Vino tinto, *1 vaso*
Ajo y perejil picado,
2 cucharadas
Galleta marinera, *4*

Colocar en una cazuela los garbanzos, los papines cortados en rodajas y la salsa. Dar un hervor de 2 minutos al chorizo para desgrasarlo, luego cortarlo en rodajas y agregarlo a la cazuela. Añadir el pimentón diluido en el vino, el ajo y el perejil y cocinar tapado a fuego lento 10 a 12 minutos; si lo desea, condimentar con sal y pimienta. Servir en cazuelitas y espolvorear con la galleta triturada.

Nota: *A LA CAZUELA SE PUEDE AGREGAR 100 G DE PANCETA AHUMADA CORTADA EN TIRITAS.*

Para completar el menú: *PERLAS DE MELÓN CON PALMITOS (pág. 34) y PASTEL DE QUESO (pág. 279).*

𝒫orotos y bruselas en salsa verde

PORCIONES
4

PREPARACIÓN
8 minutos

COCCIÓN
15 minutos

INGREDIENTES

Aceite de oliva,
4 cucharadas

Puerros, *2*

Ajo, *4 dientes*

Jamón crudo cortado en
trozos, *100 g*

Porotos, *1 lata*

Repollitos de Bruselas,
1 lata

Perejil, *4 cucharadas*

Vino blanco, *1/2 vaso*

Cubo de caldo de carne, *2*

Cocinar en el aceite los puerros cortados en rodajitas y los dientes de ajo
picados, agregar el jamón cortado en
tiritas, saltear y agregar los porotos y
los repollitos. Espolvorear con el perejil, rociar con el vino y agregar los
cubos de caldo diluidos en 1 taza de
agua, cocinar destapado 15 minutos.

Variante: *LOS REPOLLITOS SE PUEDEN REEMPLA-
ZAR POR 1 LATA DE PAPINES Y 1 LATA DE CHAUCHAS.*

Para completar el menú: *COLITA DE
CUADRIL A LA SAL CON CREMA DE QUESO (pág. 113)
y DURAZNOS RELLENOS MERENGADOS (pág. 266).*

Pizzas y empanadas

Si usted tiene **1 bollo de masa de pizza
salame, longaniza
mozzarella**

Calzone *napolitano*

PORCIONES
6

PREPARACIÓN
12 minutos

COCCIÓN
20 minutos

INGREDIENTES
Bollo de masa, *1*
Mostaza, *1 cucharada*
Salame en un trozo, *200 g*
Longaniza en un trozo,
150 g
Mozzarella, *200 g*
Huevos duros, *2*
Aceitunas verdes y negras,
100 g
Queso sardo rallado,
4 cucharadas

Estirar la masa dándole forma de rectángulo, untarlo ligeramente con la mostaza. Distribuir el salame, la longaniza y la mozzarella cortada en cubos, agregar los huevos duros cortados en cuartos y las aceitunas descarozadas. Espolvorear con el queso y pintar el reborde con agua y cerrar como si fuera una empanada, formando un repulgue. Pincelar la masa con aceite o leche y cocinar sobre una placa, en horno caliente, durante 20 minutos. Si lo desea, servir cubierta de salsa de tomate.

Nota: LOS BOLLOS DE MASA DE PIZZA SE COMPRAN EN LAS CASAS DE VENTA DE PASTAS Y EN SUPERMERCADOS.

Para completar el menú: SUPREMAS CON SALSA DE HONGOS (pág. 162) y POMELOS AZUCARADOS.

$\mathcal{F}$ainá a la genovesa

 PORCIONES
6

 PREPARACIÓN
10 minutos

 COCCIÓN
25 minutos

INGREDIENTES

Harina de garbanzos para
fainá, *1 paquete*
Agua, *550 cc*
Huevos, *2*
Sal y ají molido, *a gusto*
Queso rallado,
2 cucharadas

Mezclar la harina de garbanzos con el agua fría, añadir los huevos ligeramente batidos, sal, ají molido y el queso. Colocar en una pizzera aceitada y precalentada, cocinar en horno caliente 20 a 25 minutos.

Nota: LA FAINÁ SE PUEDE PREPARAR SIN EL AGREGADO DE HUEVOS Y QUESO; ES CONVENIENTE DEJAR REPOSAR LA MEZCLA UNOS MINUTOS ANTES DE COLOCARLA EN LA PIZZERA. LOS PAQUETES DE FAINÁ TIENEN LA EXPLICACIÓN DE SU ELABORACIÓN.

Para completar el menú: PIZZA AL PATÉ, *(pág. 232)* ENSALADA ESPECIAL DE HOJAS CON SÉSAMO TOSTADO *(pág. 67)* y GELATINA DE FRUTAS.

Si usted tiene **brócoli congelado**
1 lata de morrones
1 prepizza y 1 lata de salsa pomarola

$\mathcal{L}$a pizza de Alicia

PORCIONES
5

PREPARACIÓN
10 minutos

COCCIÓN
25 minutos

INGREDIENTES

Brócoli congelado,
1 paquete
Queso rallado,
3 cucharadas
Prepizza, *1*
Salsa pomarola, *1 lata*
Morrones, *1 lata*
Mozzarella, *150 g*
Aceitunas negras, *50 g*

Saltear los brócoli en 25 g de manteca y 1 cucharada de aceite, mezclarlos con el queso rallado. Cubrir la prepizza con la salsa, acomodar los brócoli, colocar encima otra porción de salsa y llevar a horno fuerte 15 minutos. Retirar del horno y distribuir encima los morrones cortados en tiras, la mozzarella cortada en cubos y las aceitunas, proseguir la cocción 10 minutos más en horno caliente hasta que el queso se funda.

Nota: SI NO LE AGRADAN LOS BRÓCOLI, PUEDE UTILIZAR ESPINACAS CONGELADAS.

Para completar el menú: BIFES A LA CRIOLLA (pág. 107) y FRUTAS MOLDEADAS (pág. 270).

Si usted tiene **1 prepizza**
1 lata de jamón del diablo o paté

*P*izza al paté

 PORCIONES
5

 PREPARACIÓN
8 minutos

 COCCIÓN
15 a 20 minutos

INGREDIENTES

Prepizza, 1
Jamón del diablo o paté,
1 lata
Mayonesa, 3 *cucharadas*
Tomates, 2
Queso gruyere rallado
grueso, 5 *cucharadas*

Precocinar la pizza 5 minutos en horno caliente. Mezclar el jamón o paté con la mayonesa, distribuir sobre la pizza y decorar con los tomates cortados en rodajitas finas. Espolvorear con el queso y cocinar 12 a 15 minutos en horno caliente.

Nota: *LAS CUBIERTAS DE PIZZAS PUEDEN ENRIQUECERSE CON LOS ELEMENTOS QUE SE TENGAN EN LA ALACENA O HELADERA, HUEVOS DUROS CORTADOS EN CUARTOS, CHOCLO ESCURRIDO, ACEITUNAS, ETC.*

Para completar el menú: *HUMITA SOBRE MEDALLONES DE CALABAZA (pág. 208) y PERAS AL VINO TINTO CON SALSA INGLESA (pág. 281).*

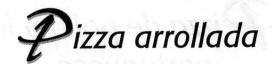Pizza arrollada

 PORCIONES
6 a 8

 PREPARACIÓN
10 minutos

 COCCIÓN
25 a 30 minutos

INGREDIENTES

Bollo de pizza, *1*

Mostaza, *1 cucharada*

Jamón cocido, *150 g*

Queso sardo rallado,
5 cucharadas

Panceta ahumada, *150 g*

Huevos duros, *3*

Estirar la masa en forma rectangular, untarla con la mostaza y distribuir encima el jamón picado, el queso rallado, la panceta picada y los huevos picados gruesos.

Arrollar la masa y cocinarla en horno moderado 25 a 30 minutos. Servir cortada en rodajas de 4 a 5 cm.

Nota: *DESPUÉS DE ARROLLAR LA MASA, MARCAR LAS PORCIONES CON EL CANTO DE LA MANO, CERRAR CON LA MISMA MASA LOS EXTREMOS Y COCINAR EN HORNO MODERADO DURANTE 20 MINUTOS. SERVIR SALSEADAS CON TOMATE NATURAL.*

Para completar el menú: *ZAPALLITOS RELLENOS (pág. 218) y YOGUR DE VAINILLA CON JALEA DE MEMBRILLO.*

Si usted tiene **1 prepizza**
1 lata de salsa portuguesa
1 taza de pollo cocido

$\mathcal{P}$*izza de pollo a la portuguesa*

 PORCIONES
5

 PREPARACIÓN
10 minutos

 COCCIÓN
23 minutos

INGREDIENTES

Salsa portuguesa, *1 lata*
Pollo cocido cortado en
trocitos, *1 taza*
Jamón crudo, *100 g*
Prepizza, *1*
Aceitunas verdes, *50 g*
Queso fresco o mozzarella,
200 g
Perejil picado,
2 cucharadas
Queso rallado,
2 cucharadas

Mezclar la salsa con el pollo y el jamón cortado en tiras finas, colocar sobre la prepizza y cocinar en horno caliente durante 15 minutos. Distribuir encima las aceitunas, el queso cortado en cubos, el perejil y el queso rallado, llevar nuevamente al horno 7 u 8 minutos, hasta derretir el queso.

Nota: *PARA PREPARAR ESTA CUBIERTA DE PIZZA SE PUEDE UTILIZAR UN RESTO DE POLLO COCIDO AL HORNO, FRITO O HERVIDO.*

Para completar el menú: *HUMITA SOBRE MEDALLONES DE CALABAZA (pág. 208) y PURÉ SOUFFLÉ DE MANZANAS (pág. 287).*

𝒫izza de roquefort a la crema

PORCIONES
6

PREPARACIÓN
12 minutos

COCCIÓN
20 minutos

INGREDIENTES

Prepizza, *1*
Manteca, *40 g*
Harina, *2 cucharadas*
Leche, *500 cc*
Yemas, *2*
Roquefort, *300 g*
Nueces, *4 cucharadas*
Mozzarella, *150 g*

Colocar la pizza en una pizzera aceitada. Cocinar en un recipiente la manteca, la harina y la leche, revolviendo con batidor hasta que rompa el hervor, incorporar las yemas y el roquefort cortado en trocitos, cocinar 1 minuto más revolviendo con cuchara de madera. Agregar las nueces y condimentar con poca sal y un toque de pimienta, colocar sobre la pizza y cocinar en horno caliente durante 15 minutos. Distribuir encima la mozzarella cortada en cubos y gratinar hasta que esté fundida.

Nota: *SI NO LE AGRADA EL ROQUEFORT, UTILICE LA MISMA CANTIDAD DE QUESO FUNDIDO SABOR FONTINA.*

Para completar el menú: *PAPAS CON JAMÓN A LA PROVENZAL (pág. 55) CON BIFES DE CUADRIL, y ENSALADA DE FRUTAS.*

> Si usted tiene **1 prepizza**
> **1 paquete de salchichas**

$\mathscr{P}$izza de salchichas con huevos

PORCIONES
6

PREPARACIÓN
6 minutos

COCCIÓN
17 minutos

INGREDIENTES

Prepizza, 1
Salsa para pizza, 1 lata
Salchichas de Viena, 6
Huevos, 5

Cubrir la prepizza con la salsa, cocinarla 10 minutos en horno caliente. Distribuir encima las salchichas cortadas en rodajitas y formar 5 huecos en la salsa, cascar en cada uno de ellos 1 huevo, condimentarlos con sal, rociarlos con un hilo de aceite y proseguir la cocción en horno caliente 6 a 7 minutos más, hasta que las claras estén cocidas y las yemas jugosas.

Nota: SI LE AGRADA, AL COLOCAR LAS SALCHICHAS AGREGUE EL CONTENIDO DE 1 LATA DE MORRONES CORTADOS EN TIRAS.

Para completar el menú: HAMBURGUESAS A LA FRANCESA (pág. 126) y MANZANAS EN CROÛTE (pág. 272).

$\mathcal{P}$izza florentina

PORCIONES
6

PREPARACIÓN
10 minutos

COCCIÓN
17 minutos

INGREDIENTES

Prepizza, 1
Cebolla, 1
Manteca, 40 g
Espinaca congelada,
1 paquete
Queso sardo rallado,
3 cucharadas
Ricota, 300 g
Aceite de oliva,
3 cucharadas
Sal, pimienta y nuez
moscada, a gusto
Anchoas, 6

Colocar la prepizza en una pizzera pincelada con aceite. Rehogar la cebolla picada en la manteca, agregar la espinaca descongelada y picada, cocinar a fuego lento. Mezclar con el queso blanco, la ricota y el aceite, condimental con sal, pimienta y nuez moscada. Acomodar sobre la pizza, distribuir las anchoas y gratinar en horno caliente.

Variante: SI NO LE AGRADAN LAS ANCHOAS, MEZCLAR LA ESPINACA CON 100 G DE JAMÓN PICADO Y 150 G DE CUBOS DE QUESO FRESCO.

Para completar el menú: VITEL THONNÉ (pág. 136) y FRUTA.

Si usted tiene **1 paquete de tapas de pascualina
espinaca congelada
1 lata de salsa para pizza**

*P*izza rellena hojaldrada

 PORCIONES
6

 PREPARACIÓN
12 minutos

COCCIÓN
25 minutos

INGREDIENTES

Tapas de pascualina,
1 paquete
Cebolla, *1*
Manteca, *30 g*
Espinaca congelada,
1 paquete
Sal, pimienta y queso
rallado, *a gusto*
Huevos duros, *3*
Salsa para pizza, *1 lata*
Queso fresco, *150 g*

Tapizar una pizzera con un disco de masa. Cocinar la cebolla picada en la manteca, agregar la espinaca y saltearla, condimentar con sal, pimienta y 3 cucharadas de queso rallado. Colocar dentro de una pizzera, distribuir los huevos cortados en rodajas y tapar con el otro disco de pascualina, unir las dos masas, pincelar ligeramente la superficie y cocinar en horno caliente 18 a 20 minutos. Cubrir con la salsa y el queso fresco cortado en cubos, gratinar en horno caliente 5 minutos más.

Nota: SE PUEDE UTILIZAR PARA LA MASA UN BOLLO DE MASA PARA PIZZA, AUNQUE LA RECETA ORIGINAL ITALIANA ES CON MASA TIPO HOJALDRE.

Para completar el menú: CUADRIL AL PATÉ (pág. 118), y FRUTA FRESCA.

*P*izzetas al huevo

 PORCIONES
6

 PREPARACIÓN
10 minutos

 COCCIÓN
16 a 17 minutos

INGREDIENTES

Pizzetas, 6

Tomates cubeteados, *1 lata*

Huevos, 2

Queso provolone rallado,
4 cucharadas

Perejil picado,
2 cucharadas

Aceitunas negras, *50 g*

Anchoas, 6

Colocar las pizzetas sobre una placa para horno, cubrirlas con el tomate cubeteado bien escurrido, cocinar 10 minutos en horno caliente. Batir ligeramente los huevos y mezclar con el queso y el perejil, distribuir sobre las pizzetas, decorar con las aceitunas y las anchoas, proseguir la cocción 6 a 7 minutos más en horno caliente.

Nota: SI LAS PIZZETAS FUERAN DE UN GROSOR DE 3 A 4 CM., ABRIRLAS POR LA MITAD Y RELLENAR CON LA MEZCLA DE HUEVO, QUESO Y PEREJIL, CUBRIRLAS CON EL TOMATE, ACEITUNAS Y ANCHOAS. COCINARLAS EN HORNO CALIENTE 16 A 17 MINUTOS.

Para completar el menú: FRITOS DE PESCA-
DO CON SALSA DE BERROS Y NUEZ (pág. 88) y MASITAS
DE FRUTA (pág. 276).

*P*izzetas de sardinas

PORCIONES
6

PREPARACIÓN
10 minutos

COCCIÓN
15 minutos

INGREDIENTES
Pizzetas, 6
Salsa para pizza, 1 lata
Sardinas, 1 lata
Huevos duros, 3
Aceitunas rellenas, 100 g

Acomodar las pizzetas sobre una placa, cubrirlas con la salsa y distribuir encima mitades de sardinas sin las espinas. Decorar con cuartos de huevos duros y las aceitunas, cocinar en horno caliente durante 15 minutos, espolvorear con perejil picado.

Nota: PUEDE REEMPLAZAR LAS SARDINAS POR 1 LATA DE CALAMARES O MEJILLONES. SI SE UTILIZA ALGUNO DE ESTOS ELEMENTOS EN SALSA DE TOMATE, SE SUPRIME LA SALSA PARA PIZZA.

Para completar el menú: SOPA IMPERIAL DE LENTEJAS (pág. 170) y MOLDEADO CREMOSO DE FRUTAS (pág. 277).

Si usted tiene **pizzetas o 1 prepizza**

P̶izzetas o pizza rellenas

 PORCIONES
6

 PREPARACIÓN
10 minutos

 COCCIÓN
18 minutos

INGREDIENTES

Pizzetas o prepizza,
1 paquete o 1
Choclo, *1 lata*
Jamón cocido, *100 g*
Queso rallado,
3 cucharadas
Tomates, *2*
Mozzarella, *150 g*
Sal, orégano y ají molido,
a gusto

Abrir las pizzetas o prepizza por la mitad. Mezclar el choclo con el jamón y el queso rallado, distribuir dentro de la pizza, cubrirla con los tomates cortados en rodajitas finas, condimentar con sal y cubrir con rodajas de mozzarella, espolvorear con orégano y ají molido. Gratinar en horno caliente.

Variante: *PUEDE CAMBIAR EL RELLENO POR RODAJAS DE CHORIZO CANTIMPALO Y 2 CEBOLLAS CORTADAS EN RODAJAS Y COCIDAS EN MANTECA.*

Para completar el menú: *BLANQUETA DE ROAST BEEF (pág. 108) y FRUTA.*

Si usted tiene **1 bollo de masa para pizza**
1 lata de espinaca
ricota

*R*oulette *de pizza*

 PORCIONES
6

 PREPARACIÓN
15 minutos

 COCCIÓN
35 minutos

INGREDIENTES
Masa para pizza, *1 bollo*
Cebolla, *1*
Manteca, *30 g*
Espinaca, *1 lata*
Ricota, *250 g*
Sal, pimienta y queso
rallado, *a gusto*
Jamón, *150 g*
Huevo, *1*

Estirar la masa dándole forma rectangular. Picar la cebolla, cocinarla en la manteca, agregar la espinaca, saltearla, mezclar con la ricota, sal, pimienta, 4 cucharadas de queso, la mitad del jamón picado y el huevo. Extender sobre la masa, arrollarla y pincelar la superficie con leche o aceite, cocinarla en horno más bien suave 35 minutos. Cubrir con el resto de jamón, pincelar con aceite, espolvorear con azúcar y gratinar en horno caliente.

Nota: *PARA QUE NO PIERDA LA FORMA ES CONVENIENTE, ANTES DE ARROLLAR LA MASA, COLOCAR EN UN EXTREMO UN TROCITO DE PALO DE ESCOBA FORRADO CON PAPEL METALIZADO. CUANDO LA PIZZA ESTÉ COCIDA, RETIRARLO Y RELLENAR EL HUECO CON UNAS CUCHARADAS RESERVADAS DE RELLENO.*

Para completar el menú: *HAMBURGUESAS A LA FRANCESA (pág. 126) y BUDINCITOS DE NARANJA (pág. 263).*

Si usted tiene **1 paquete de discos de pascualina
1 lata de sardinas, chorizo colorado y
1 lata de morrones**

*E*mpanada gallega

 PORCIONES
6

 PREPARACIÓN
15 minutos

COCCIÓN
25 minutos

INGREDIENTES

Discos de pascualina, *1
paquete*
Cebolla, *750 g*
Aceite de oliva, *3
cucharadas*
Sal, pimienta y pimentón,
a gusto
Sardinas, *1 lata*
Chorizo colorado chico, *1*
Morrones, *1 lata*
Ajo y perejil, *2 cucharadas*

Tapizar una tartera enmantecada con un disco de pascualina. Pelar y cortar las cebollas por la mitad y luego en rodajas finas, cocinarlas en el aceite sin que se doren, cuando estén tiernas condimentarlas con sal, pimienta y 1 cucharadita de pimentón. Dejar entibiar y colocar la mitad de las cebollas dentro de la tartera, distribuir encima las sardinas sin las espinas centrales, el chorizo sin la piel cortado en rodajas, los morrones cortados en tiras, el ajo y el perejil, cubrir con el resto de cebolla. Acomodar el otro disco de pascualina, formar un repulgue uniendo las dos masas, pincelar con huevo, aceite o leche, pinchar ligeramente la superficie y cocinar en horno caliente durante 25 minutos.

Variantes: *LA EMPANADA GALLEGA SE PUEDE PREPARAR DE CABALLA, ATÚN, O DE MARISCOS: MEJILLONES, BERBERECHOS, ETC.*

Para completar el menú: *ENSALADA TIBIA DE POLLO (pág. 73) y DON PEDRO (pág. 286).*

Si usted tiene **1 paquete de tapas de empanadas**
400 g de ricota

*E*mpanadas agridulces

PORCIONES
12

PREPARACIÓN
12 minutos

COCCIÓN
18 a 20 minutos

INGREDIENTES

Puerros, *2*

Manteca, *30 g*

Ricota, *400 g*

Yemas de huevo, *2*

Manzanas Rome, *2*

Jugo de limón,
2 cucharadas

Sal, pimienta y nuez
moscada, *a gusto*

Ralladura de piel de
naranja, *1 cucharada*

Queso gruyere o similar
rallado, *3 cucharadas*

Tapas de empanadas, *1
paquete*

Cortar los puerros en rodajas finas, incluso la parte verde tierna, cocinarlos en la manteca, mezclar con la ricota y las yemas. Pelar las manzanas y cortarlas en cubitos pequeños, rociarlos con el jugo de limón y agregarlos a la ricota, condimentar con sal, pimienta, nuez moscada, la ralladura de naranja y el queso. Distribuir sobre las tapas de empanadas, pincelar el reborde con huevo, cerrar formando las empanadas y ajustar el reborde con ayuda de un tenedor. Pincelarlas con huevo, espolvorearlas con azúcar y cocinarlas sobre placa enmantecada en horno caliente 18 a 20 minutos.

Variantes: *SI SUPLANTA LAS MANZANAS POR BANANAS OBTENDRÁ OTRO RELLENO DELICIOSO; TAMBIÉN SE PUEDE ENRIQUECER CON NUECES O ALMENDRAS PICADAS.*

Para completar el menú: *CAZUELA DE LENTEJAS DEL CASERÍO (pág. 221) y MASITAS CON CREMA DE CHOCOLATE (pág. 274).*

Si usted tiene **1 paquete de tapas de empanadas**
1 lata de tomates cubeteados
6 costillas de cordero

*E*mpanadas árabes

 UNIDADES
12

 PREPARACIÓN
18 minutos

 COCCIÓN
18 minutos

INGREDIENTES

Cebollas, 2

Aceite, *3 cucharadas*

Costillas de cordero, 6

Ajo y perejil, *2 cucharadas*

Tomates cubeteados, *1 lata*

Limón, *1*

Sal, pimienta, menta o
hierba buena, *a gusto*

Tapas de empanadas,
1 paquete

Picar las cebollas y cocinarla en el aceite, agregar la carne de las costillas cortada en cubitos muy pequeños o pasada por la procesadora, añadir el ajo y perejil y rociar con jugo de limón. Escurrir el tomate y agregar la pulpa, condimentar con sal, pimienta y menta o hierba buena, cocinar 6 a 7 minutos, dejar enfriar. Separar los discos de masa, distribuir el relleno en el centro de cada una de ellas, pincelar el reborde con huevo, levantar los bordes de masa en tres partes, uniéndolos bien apretados en la parte superior. Estas empanadas toman la forma de un tricornio.

Nota: LAS EMPANADAS ÁRABES SE PREPARAN CON MASA DE LEVADURA, POR LO TANTO PUEDE COMPRAR 1 BOLLO DE MASA DE PIZZA, ESTIRARLO MUY FINO, CORTAR MEDALLONES CON UN CORTAPASTA Y ARMAR LAS EMPANADAS.

Para completar el menú: ENSALADA DE MAYONUEZ (pág. 63) y BUDÍN DE BATATA (pág. 260).

$\mathscr{E}$mpanadas de verdeo

 UNIDADES
12

 PREPARACIÓN
15 minutos

 COCCIÓN
18 a 20 minutos

INGREDIENTES

Tapas de empanadas,
1 paquete
Cebolla de verdeo,
3 cucharadas
Morrones, *1 lata*
Aceitunas verdes y negras,
200 g
Queso provolone rallado,
4 cucharadas
Huevos duros, 2

Separar los discos de masa. Cortar las cebollas en rodajitas finas, cocinar en aceite, agregar los morrones picados, las aceitunas fileteadas, el queso rallado y los huevos picados. Distribuir dentro de los discos de masa, pincelar el reborde y cerrar formando un repulgue, pincelar con huevo y cocinar en horno caliente 18 a 20 minutos.

Variantes: SE PUEDE ENRIQUECER EL RELLENO AGREGANDO CUBOS DE LEBERWURST O SALCHICHAS DE VIENA CORTADAS EN RODAJITAS O COCINAR CON LA CEBOLLA DE VERDEO 250 G DE CARNE PICADA.

Para completar el menú: ENSALADA TIBIA DE CHAUCHAS (Pág. 72) y ENSALADA DE CÍTRICOS (pág. 267).

Si usted tiene **1 paquete de tapas de empanadas de hojaldre**

$\mathcal{E}$mpanadas de hojaldre

 UNIDADES
12

 PREPARACIÓN
15 minutos

 COCCIÓN
25 minutos

INGREDIENTES

Tapas de empanadas de
hojaldre, *12*

Cebollas de verdeo, *3*

Manteca, *30 g*

Choclo, *1 lata*

Ricota, *200 g*

Queso gruyere o similar
rallado, *4 cucharadas*

Sal, pimienta y nuez
moscada, *a gusto*

Huevo y azúcar, *cantidad
necesaria*

Separar los discos de masa. Cortar las cebollas en rodajitas, cocinarlas en la manteca. Mezclar con el choclo bien escurrido, la ricota y el queso rallado, condimentar con sal, pimienta y nuez moscada. Distribuir en el centro de cada disco de masa, pincelar el reborde con huevo y cerrar sin formar repulgue, pincelar con huevo y cocinar en horno caliente 12 minutos, bajar la temperatura del horno y proseguir la cocción 12 minutos más.

Nota: *SI LE AGRADA EL SABOR AGRIDULCE, ESPOLVOREE LAS EMPANADAS CON AZÚCAR ANTES DE COCINARLAS.*

Para completar el menú: *SOPA MINESTRÓN (pág. 171) y UVAS.*

Si usted tiene **1 paquete de masa** *phila*

€mpanadas de masa phila

 UNIDADES
8

 PREPARACIÓN
15 minutos

 COCCIÓN
15 minutos

INGREDIENTES

Masa *phila*, *1 paquete*
Cebolla, *1*
Manteca, *40 g*
Zucchini rallados, *2 tazas*
Huevo, *1*
Queso parmesano rallado,
5 cucharadas
Sal, pimienta y nuez
moscada, *a gusto*
Queso roquefort o
cuartirolo, *150 g*

Extender la masa y cortar rectángulos con ayuda de una tijera. Rehogar la cebolla picada en la manteca, agregar los *zucchini* bien exprimidos en un lienzo, saltearlos 1 minuto. Retirar del fuego y mezclar con el huevo y el queso rallado, condimentar con sal, pimienta y nuez moscada. Distribuir 1 cucharada sobre cada trozo de masa, ubicar un cubo de queso, pincelar el reborde con huevo y cerrar el rectángulo. Cocinar en horno caliente 15 minutos. Espolvorear en caliente, si se desea, con azúcar impalpable.

Nota: *EN VEZ DE CORTAR LA MASA* PHILA *EN PORCIONES, DISTRIBUIR EL RELLENO EN EL EXTREMO DE CADA MASA Y ARROLLARLA. COCINAR EN HORNO CALIENTE 18 MINUTOS Y CORTAR PORCIONES DE 10 A 15 CM.*

Para completar el menú: *TORTILLA SOUFFLÉE DE ARROZ (pág. 196) y BUDINCITOS DE NARANJA (pág. 263).*

Si usted tiene **1 paquete de tapas de empanadas**
1 lata de chauchas

Empanadas originales de chaucha

 UNIDADES
12

 PREPARACIÓN
15 minutos

 COCCIÓN
20 minutos

INGREDIENTES

Tapas de empanadas,
1 paquete
Cebollas de verdeo, *2*
Manteca, *35 g*
Jamón cocido, *100 g*
Chauchas, *1 lata*
Huevo duro, *1*
Aceitunas negras, *50 g*
Queso rallado, *3*
cucharadas
Semillas de sésamo,
cantidad necesaria
Huevo crudo, *1*

Separar las tapas de empanadas. Cortar las cebollas en rodajitas finas, cocinarlas en la manteca, agregar el jamón picado y las chauchas escurridas. Saltear y mezclar con el huevo duro picado, las aceitunas fileteadas y el queso rallado, condimentar con poca sal y un toque de pimienta. Distribuir en el centro de las tapas, pincelar el reborde con huevo y cerrarlas formando un repulgue. Pincelarlas con huevo y espolvorear con las semillas; cocinar en horno caliente durante 20 minutos.

Variante: *LAS CHAUCHAS SE PUEDEN SUPLANTAR POR 1 LATA DE ARVEJAS.*

Para completar el menú: *FILETES A LA ITALIANA (pág. 84) y FRUTA.*

Si usted tiene **1 paquete de tapas de empanadas**
1 lata de mejillones al natural

*E*mpanadas provenzal

 UNIDADES
12

 PREPARACIÓN
15 minutos

 COCCIÓN
18 minutos

INGREDIENTES

Tapas de empanadas,
1 paquete
Aceite de oliva,
2 cucharadas
Ajo, *2 dientes*
Mejillones al natural, *1 lata*
Perejil, *3 cucharadas*
Harina, *1 cucharada*
Crema de leche,
4 cucharadas
Sal y pimienta, *a gusto*
Huevo, *1*

Separar las tapas de empanadas. Calentar el aceite y dorar los dientes de ajo picados, agregar los mejillones con el agua de su envase y el perejil, dejar que hierva y agregar la harina diluida en la crema. Cocinar revolviendo hasta formar una crema espesa, condimentar con sal y pimenta. Dejar enfriar y distribuir sobre los discos de masa, pincelar la base con huevo, cerrar las empanadas, formar un repulgue, pincelarlas con huevo y cocinarlas en horno caliente 18 minutos. También pueden freírse en aceite.

Nota: PUEDE UTILIZAR MEJILLONES AL TOMATE EN VEZ DE MEJILLONES AL NATURAL.

Para completar el menú: POLLO A LA SCARPETTA *(pág. 158)* y FRUTA.

Si usted tiene **1 paquete de tapas de empanadas de copetín**

$\mathcal{E}$*mpanaditas de sésamo y amapola*

UNIDADES
24

PREPARACIÓN
15 minutos

COCCIÓN
18 minutos

INGREDIENTES

Tapas de empanadas de
copetín, *1 paquete*

Huevos, *2*

Perejil picado,
2 cucharadas

Queso parmesano rallado,
cantidad necesaria

Varios: Huevo para pintar,
semillas de sésamo y
amapola

Separar las tapas de copetín. Batir ligeramente los huevos, mezclar con el perejil y agregar queso rallado hasta obtener una pasta consistente. Distribuir en el centro de cada tapita, pincelar el borde y cerrar, ajustar y pincelar con huevo, espolvorear algunas con semillas de sésamo y otras con semillas de amapola. Cocinarlas en horno caliente durante 18 minutos.

Nota: *PARA LA CUBIERTA, PUEDE SUPLANTAR LAS SEMILLAS DE SÉSAMO Y AMAPOLA POR NUECES PICADAS.*

Para completar el menú: *PIZZA DE MATAMBRE (pág. 134) y BUDÍN DE BATATA (pág. 260).*

𝓔mpanaditas orientales

PORCIONES
8

PREPARACIÓN
15 minutos

COCCIÓN
15 minutos

INGREDIENTES

Masa *phila*, *1 paquete*
Ajo, *1 diente*
Puerros, *2*
Filetes de merluza sin espinas, *250 g*
Camarones, *200 g*
Salsa de soja, *1 cucharada*
Sal, pimienta y aceite, *cantidad necesaria*

Cortar la masa *phila* en 8 partes. Picar el ajo y cortar los puerros en rodajitas finas, cocinar en agua con sal junto con los filetes durante 5 minutos. Escurrir todo y mezclar con los camarones, condimentar con la salsa de soja, sal y pimienta. Distribuir sobre un borde o trozo de masa y arrollar. Freír en aceite no muy caliente. Servirlos salseados con salsa de soja o salsa de tamarindo.

Nota: *LOS FILETES SE PUEDEN REEMPLAZAR POR MERLUZA EN LATA O ATÚN AL NATURAL.*

Para completar el menú: *SOPA CREMA DE VEGETALES (pág. 168) y MOUSSE DE LIMÓN (pág. 278).*

*P*asteles de caballa

UNIDADES
24

PREPARACIÓN
10 minutos

COCCIÓN
12 minutos

INGREDIENTES

Tapas de pastelitos,
1 paquete
Caballa, *1 lata*
Cebolla, *1*
Tomates cubeteados, *1 lata*
Sal y pimienta, *a gusto*
Perejil, *2 cucharadas*
Huevo duro, *1*
Aceite, *para freír*

Separar las tapas de pastelitos. Desmigar la caballa. Picar la cebolla, rehogarla en dos cucharadas de aceite, agregar el tomate escurrido, condimentar con poca sal y pimienta, añadir la caballa, el perejil y el huevo picado; distribuir sobre las tapas de pastelitos. Pincelar el reborde con agua y cerrar formando un triángulo. Freír en aceite no muy caliente, escurrir sobre papel.

Nota: PUEDE ACOMPAÑAR LOS PASTELES CON UN BOL CON SALSA DE SOJA Y OTRO CON SALSA DE TA-MARINDO, PARA QUE CADA COMENSAL SALSEE LOS PASTELES.

Para completar el menú: BUDÍN DE ESPI-NACA (pág. 202) y FRUTA.

Si usted tiene **1 paquete de tapas para pastelitos
salchichas
ricota**

$\mathscr{P}$asteles de salchicha

 UNIDADES
12

 PREPARACIÓN
15 minutos

 COCCIÓN
15 minutos

INGREDIENTES

Tapas de pastelitos,
1 paquete
Puerros, 2
Manteca, *40 g*
Salchichas, 6
Vino blanco, *4 cucharadas*
Ricota, *250 g*
Sal, pimienta y mostaza,
a gusto
Ralladura de piel de limón,
1/2 cucharadita

Cortar los puerros en rodajitas, cocinarlos en la manteca, agregar las salchichas cortadas finas, rociar con el vino y cocinar hasta que se evapore. Mezclar con la ricota y condimentar con poca sal, pimienta blanca, 1 cucharadita colmada de mostaza y ralladura de limón.

Distribuir sobre la mitad de las tapas de masa, pincelar el reborde con huevo y cubrir con la otra tapa, ajustar alrededor del relleno. Cocinarlos en abundante aceite, escurrirlos sobre papel y servir calientes.

Variante: LAS SALCHICHAS DE VIENA SE PUEDEN REEMPLAZAR POR 150 G DE JAMÓN COCIDO PICADO.

Para completar el menú: FLANCITOS DE ATÚN (pág. 27) y FRUTA.

Si usted tiene **1 paquete de tapas para pastelitos mozzarella anchoas en aceite**

℘astelitos de Taormina

 UNIDADES
24

 PREPARACIÓN
15 minutos

 COCCIÓN
10 minutos

INGREDIENTES

Tapas de pastelitos,
1 paquete
Mozzarella bien fría, *250 g*
Anchoas, *5 o 6*
Hojas de albahaca,
2 cucharadas
Huevo, *1*
Queso rallado,
3 cucharadas
Harina y aceite,
cantidad necesaria

Separar las tapas de masa. Cortar la mozzarella en cubos, mezclar con las anchoas y la albahaca picada, añadir el huevo, el queso rallado y 1/2 cucharada de harina. Distribuir sobre las tapas, pincelar el reborde con huevo y cerrar formando un triángulo, ajustar bien y freír en aceite caliente, escurrir sobre papel y espolvorear con sal. Servir bien caliente.

Nota: AL MEZCLAR LOS CUBOS DE MOZZARELLA CON EL HUEVO, EL QUESO RALLADO Y LA HARINA, SE FORMA UNA PELÍCULA QUE EVITA QUE LA MOZZARELLA SE ESCAPE DE LA MASA.

Para completar el menú: SPAGHETTI ALLA CARBONARA *(pág. 180)* Y HELADO CON CHARLOTTE *(DE LATA).*

Tortas, postres y masitas

*B*aba *al ron con* macedonia *de frutas*

 PORCIONES
8

 PREPARACIÓN
12 minutos

 COCCIÓN
35 minutos

INGREDIENTES

Bizcochuelo, *1 caja*
Azúcar, *200 g*
Ron, *1/2 vaso*
Macedonia de frutas, *1 lata*
Crema chantillí, *200 g*

Preparar el bizcochuelo siguiendo las indicaciones del envase, cocinarlo en un savarín o en cualquier molde con tubo central. Cuando esté cocido, dejarlo entibiar y desmoldarlo en una fuente profunda. Cubrir el azúcar con agua y agregar una cascarita de naranja, hacer hervir 5 minutos, retirar del fuego y perfumar con el ron. Bañar el bizcochuelo frío con el almíbar caliente, por cucharadas, mientras se va pinchando con una *brochette*. Realizar esta tarea lentamente para que el bizcochuelo resulte bien empapado del almíbar. Distribuir en el centro y los bordes la macedonia de frutas y decorar con la crema.

Variante: *SI NO DESEA UTILIZAR RON, PREPARE EL ALMÍBAR CON JUGO DE NARANJA ENVASADO EN LUGAR DE AGUA; AGREGUE CÁSCARAS DE NARANJA Y UN TROZO DE CANELA EN RAMA.*

Para completar el menú: *PAELLA SUPER EXPRESS (pág. 191).*

$\mathcal{B}$udín de batata

PORCIONES

8

PREPARACIÓN
10 minutos

COCCIÓN
7 minutos

INGREDIENTES
Leche, *1 litro*
Dulce de batata, *400 g*
Postre de vainilla,
1 paquete
Chocolate de taza,
4 barritas
Canela, *1 cucharadita*

Licuar la leche con el dulce y el postre, colocar sobre fuego revolviendo con cuchara de madera hasta que rompa el hervor. Retirar del fuego y mezclar con el chocolate cortado en trocitos y la canela, verter en un molde de budín previamente humedecido con agua. Llevar a heladera hasta que solidifique, luego desmoldar y servir con salsa de chocolate caliente.

Salsa de chocolate: *DERRETIR 4 TABLETAS DE CHOCOLATE EN 1 TAZA DE CAFÉ, RETIRAR DEL FUEGO Y ESPESAR CON 2 CUCHARADAS COLMADAS DE DULCE DE LECHE PASTELERO.*

Para completar el menú: *TORTILLA CROCANTE (pág. 215).*

*B*udín de pan sin horno

 PORCIONES
8

 PREPARACIÓN
15 minutos

 COCCIÓN
10 minutos

INGREDIENTES

Miga de pan, *5 tazas*

Leche, *1 litro*

Postre de vainilla,
1 paquete

Pasas rubias, *100 g*

Manzanas Rome, 2

Canela y ralladura de
limón, *cantidad necesaria*

Caramelo, *1 taza*

Remojar el pan en la mitad de la leche. Diluir el postre en el resto de la leche, agregar la preparación de pan y leche y cocinar revolviendo hasta que rompa el hervor. Agregar las pasas y las manzanas cortadas en cubitos, perfumar con una cucharadita de cnaela y 1 cucharada de ralladura de limón. Acaramelar una tartera baja, colocar la preparación y llevar a heladera hasta que solidifique, desmoldar y servir acompañado con crema batida.

Variante: SE PUEDE PREPARAR EL BUDÍN AL CHOCOLATE UTILIZANDO 1 PAQUETE DE POSTRE DE CHOCOLATE.

Para la hora del té, o para completar el menú de: COLITA DE CUADRIL A LA SAL CON CREMA DE QUESO (pág. 113).

Si usted tiene **1 caja de puré de zapallo en copos**

ℬudín dulce Laura

 PORCIONES
8

 PREPARACIÓN
18 minutos

 COCCIÓN
50 minutos

INGREDIENTES

Puré de zapallo, *1 caja*

Azúcar rubia, *150 g*

Huevos, *4*

Ralladura de naranja,
2 cucharadas

Esencia de vainilla,
2 cucharaditas

Manteca, *40 g*

Pasas rubias, *100 g*

Bizcochos molidos, *1 taza*

Preparar el puré siguiendo las indicaciones del envase con 150 cc menos de líquido para conseguir un puré más espeso. Batir los huevos con el azúcar, agregar el puré, perfumar con la ralladura y la esencia, agregar la manteca fundida y las pasas mezcladas con los bizcochos molidos. Cocinar en budinera acaramelada a baño de María durante 50 minutos; dejar enfriar y desmoldar. Acompañar con salsa de naranja.

Salsa de naranja: COCINAR, REVOLVIENDO SIEMPRE, 400 CC DE JUGO DE NARANJA DE PAQUETE CON 125 G DE AZÚCAR, 1 CUCHARADA DE RALLADURA DE NARANJA Y 1 CUCHARADA COLMADA DE FÉCULA DE MAÍZ.

Para la hora del té, o para completar el menú de: PATITAS CON SALSA DE ACEITUNAS (*pág. 148*).

ℬudincitos de naranja

PORCIONES

5

PREPARACIÓN

10 minutos

COCCIÓN

no hay

INGREDIENTES

Gelatina de naranja,
1 paquete
Queso blanco, *250 g*
Azúcar, *2 cucharadas*
Ralladura de piel de
naranja, *1 cucharada*
Crema de leche, *100 g*

Preparar la gelatina siguiendo las indicaciones del envase pero con 1 taza menos de líquido. Aparte, mezclar el queso blanco con 1 cucharada de azúcar y la ralladura. Batir la crema con la otra cucharada de azúcar hasta punto casi chantillí. Verter la gelatina en forma de hilo sobre el queso, agregar la crema, mezclar y distribuir en 5 moldecitos, dejar que solidifique en heladera y desmoldar.

Variante: *PUEDE CAMBIAR EL SABOR DE LOS BUDINCITOS UTILIZANDO GELATINA DE OTRAS FRUTAS: LIMÓN, KIWI, DURAZNO, FRUTILLA, ETC.*

Para completar el menú: *CAZUELA DE GARBANZOS AL AZAFRÁN (pág. 220).*

*C*opas de crema rosada

PORCIONES
5

PREPARACIÓN
12 minutos

COCCIÓN
5 minutos

INGREDIENTES

Gelatina de frutilla, *1 caja*
Ricota, *350 g*
Azúcar, *3 cucharadas*
Frutillas, *300 g*
Jerez, *3 cucharadas*

Preparar la gelatina siguiendo las indicaciones del envase. Batir aparte la ricota con el azúcar, cuando la gelatina comience a tomar consistencia de jarabe, mezclarla con la ricota. Lavar las frutillas y quitarles los cabitos, distribuirlas en 5 copas, rociarlas con el jerez y cubrirlas con la crema de gelatina. Llevar a la heladera y servir bien frías.

Variantes: *LAS COPAS DE CREMA ROSADA PUE-*
DEN CONVERTIRSE EN COPAS CON KIWI, LIMÓN,
NARANJA, CAMBIANDO EL SABOR DE LA GELATINA DE
FRUTAS.

Para completar el menú: *CAZUELA DE LEN-*
TEJAS DEL CASERÍO (pág. 221).

𝒞rêpes de manzana al caramelo

 PORCIONES
12

 PREPARACIÓN
7 minutos

 COCCIÓN
3 minutos

INGREDIENTES
Crêpes, 1 paquete
Puré de manzana, 1 lata
Canela, 1/2 cucharada
Ralladura de piel de limón, 1 cucharadita
Azúcar, 200 g

Separar los *crêpes*. Mezclar el puré de manzanas con la canela y la ralladura, distribuir sobre los *crêpes* y doblarlos en cuatro partes como pañuelos, acomodarlos en una fuente. Colocar el azúcar sobre fuego revolviendo con cuchara de madera hasta obtener un caramelo claro, verterlo sobre los *crêpes*.

Nota: SI LO DESEA, EN EL MOMENTO DE SERVIR, CALENTAR EN UN CUCHARÓN COÑAC O RON Y VERTER ENCENDIDO SOBRE LOS CRÊPES.

Para completar el menú: MINESTRA DE VERDURAS (pág. 209).

$\mathcal{D}$uraznos rellenos merengados

 PORCIONES
8

 PREPARACIÓN
14 minutos

 COCCIÓN
6 minutos

INGREDIENTES

Duraznos en almíbar,
1 lata

Vainillas, 6

Dulce de leche,
3 cucharadas

Chocolate de taza,
3 barritas

Claras, 3

Azúcar, 3 cucharadas

Escurrir muy bien los duraznos. Desmigar las vainillas en trocitos, humedecerlas con unas cucharadas de almíbar de los duraznos, agregar el dulce de leche y el chocolate rallado, distribuir dentro de las mitades de duraznos. Aparte, batir las claras hasta que estén espumosas, agregar el azúcar en forma de lluvia y seguir batiendo hasta obtener un merengue bien firme. Cubrir el relleno de los duraznos y gratinar en horno caliente. Servirlos tibios o fríos acompañados con salsa de duraznos.

Salsa de duraznos: LICUAR EL RESTO DE ALMÍBAR DE LOS DURAZNOS CON 1/2 DURAZNO SIN RELLENAR, 3 CUCHARADAS DE VINO DULCE Y 1 CUCHARADITA COLMADA DE FÉCULA DE MAÍZ, COCINAR REVOLVIENDO HASTA QUE ROMPA EL HERVOR Y TOME CONSISTENCIA DE SALSA.

Para completar el menú: MONDONGO A LA ANDALUZA *(pág. 128).*

Si usted tiene **frutas cítricas (pomelos, naranjas, mandarinas)**
1 caja de gelatina de limón

$\mathcal{E}$nsalada de cítricos

 PORCIONES
5

 PREPARACIÓN
10 minutos

 COCCIÓN
no hay

INGREDIENTES

Pomelos, 3
Naranjas, 3
Mandarinas, 3
Azúcar, *3 cucharadas*
Jerez, *2 cucharadas*
Gelatina de limón,
1 caja chica

Pelar los pomelos y naranjas a vivo, es decir, quitando la cáscara y la parte blanca. Cortar la fruta en casquitos, mezclar con los gajos de mandarinas sin las semillas, espolvorear con el azúcar y el jerez. Preparar la gelatina siguiendo las indicaciones del envase, verter en platos de postre y dejar que comience a coagular, distribuir encima las frutas con su jugo y llevar a la heladera hasta que solidifique.

Nota: ACOMODAR LAS FRUTAS SOBRE UN COSTADO DEL PLATO, DEJANDO VER SOBRE EL OTRO LADO EL PLATO NAPADO CON LA GELATINA.

Para completar el menú: BUDÍN GERMANO *(pág. 111).*

Si usted tiene **1 caja de flan de vainilla nueces bizcochos dulces molidos**

 # *Flan a la nuez*

 PORCIONES
8

 PREPARACIÓN
6 minutos

 COCCIÓN
5 minutos

INGREDIENTES

Flan de vainilla, *1 caja*
Leche, *1 litro*
Nueces, *100 g*
Bizcochos dulces molidos
(tipo Canale), *1 taza*
Caramelo líquido en
frasco, *200 g*

Mezclar el polvo del flan con la leche y las nueces molidas, cocinar revolviendo hasta que rompa el hervor, agregar los bizcochos dulces molidos y mezclar bien. Colocar el caramelo en la budinera sobre fuego y hacerlo hervir para que tome punto más sostenido; luego hacerlo deslizar por la budinera. Colocar la preparación y llevar a heladera hasta que solidifique, desmoldar y servir bien frío.

Variante: PARA CAMBIAR EL SABOR, UTILICE UN PAQUETE DE FLAN DE CHOCOLATE, AMARETTI *MOLIDOS EN VEZ DE BIZCOCHOS DULCES, 800 CC DE LECHE Y 200 CC DE CREMA.*

Para completar el menú: MOZZARELLA IN CARROZZA *(pág. 29).*

Si usted tiene **1 lata de leche condensada**
café

✐*lan de café*

PORCIONES
6 a 8

PREPARACIÓN
10 minutos

COCCIÓN
45 minutos

INGREDIENTES

Leche condensada, *1 lata*

Café concentrado,
cantidad necesaria

Huevos, *5*

Azúcar, *150 g*

Bananas, *2*

Colocar la leche condensada en un bol. Medir, en la misma lata, 2 veces café y agregarlo a la leche condensada, incorporar los huevos ligeramente batidos y mezclar muy bien. Colocar el azúcar sobre fuego bajo, revolver con cuchara de madera hasta obtener un caramelo claro, verter en una budinera y hacerlo correr por las paredes y tubo central. Antes de que el caramelo se enfríe, distribuir en el fondo las bananas cortadas en rodajas y verter la preparación. Cocinar en horno moderado a baño de María durante 45 minutos, rectificar la cocción pinchando el flan. Dejar enfriar y desmoldar, decorar con crema chantillí.

Nota: *ESTE FLAN SE PUEDE REALIZAR PREPARANDO EL CAFÉ CON 1 CUCHARADA COLMADA DE CAFÉ INSTANTÁNEO Y 2 MEDIDAS DE LA LATA DE LECHE CONDENSADA DE AGUA CALIENTE.*

Para completar el menú: *PATITAS CON SALSA DE ACEITUNAS (pág. 148).*

Si usted tiene **1 lata de macedonia de frutas**
1 caja de gelatina de frutilla, cereza
o limón

ℱrutas moldeadas

 PORCIONES
6 a 8

 PREPARACIÓN
12 minutos

 COCCIÓN
6 minutos

INGREDIENTES

Macedonia de frutas, *1 lata*

Gelatina de frutas, *1 caja*

Crema de leche, *200 g*

Escurrir bien las frutas, reservar el almíbar. Preparar la gelatina siguiendo las indicaciones del envase pero utilizando el almíbar de las frutas, dejar enfriar la gelatina revolviéndola de vez en cuando. Batir la crema a punto casi chantillí. Cuando la gelatina tome punto de jarabe espeso, mezclar con las frutas y la crema. Distribuir en moldecitos individuales o pocillos. Dejar solidificar en heladera y desmoldar.

Variante: *SE PUEDE REEMPLAZAR LA MACEDONIA DE FRUTAS POR FRUTILLAS FRESCAS O EN ALMÍBAR.*

Para completar el menú: *MACARRONCITOS CON SALSA BOLOGNESA (pág. 177).*

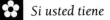
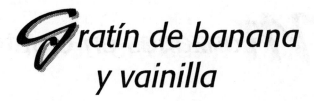 ratín de banana y vainilla

 PORCIONES
6

 PREPARACIÓN
12 minutos

COCCIÓN
6 minutos

INGREDIENTES

Postre de vainilla, *1 caja*

Leche, *1 litro*

Bananas, *4*

Jugo de limón,
4 cucharadas

Azúcar, *125 g*

Claras, *2*

Preparar el postre de vainilla siguiendo las indicaciones del envase, agregar 2 bananas pisadas y rociadas con 2 cucharadas de jugo de limón. Batir las claras con 2 cucharadas de azúcar hasta punto merengue, mezclar con el postre y distribuir en 6 boles. Cortar el resto de bananas en rodajitas, rociarlas con jugo de limón y distribuirlas sobre el postre, espolvorear en forma abundante con el azúcar y quemar con una planchita caliente.

Nota: PUEDE CAMBIAR EL SABOR UTILIZANDO OTRAS FRUTAS.

Para completar el menú: PIZZA FLORENTINA *(pág. 237).*

ℳanzanas en croûte

PORCIONES
6

PREPARACIÓN
12 minutos

COCCIÓN
12 minutos

INGREDIENTES

Tapas de empanadas,
1 paquete

Mermelada de fruta,
3 cucharadas

Manzanas en tajadas,
1 lata o 1 frasco

Bizcochos molidos,
6 cucharadas

Azúcar, *3 cucharadas*

Canela, *1 cucharada*

Huevo, *1*

Separar las tapas de empanadas, realizar sobre 6 tapas un corte en cruz en el centro y levantar las 4 puntas hacia atrás. Sobre las 6 tapas enteras, colocar en el centro la mermelada. Mezclar las manzanas escurridas con los bizcochos, el azúcar y la canela, distribuir sobre la mermelada. Pincelar el reborde de los discos de masa con huevo, cubrir con las tapas cortadas, ajustar con un tenedor las dos masas, pincelar con huevo y cocinar en horno caliente 12 a 15 minutos. Servirlas tibias; acompañar con crema batida.

Nota: ESTE POSTRE SE PUEDE PREPARAR CON PURÉ DE MANZANAS MEZCLADO CON LOS BIZCOCHOS, AZÚCAR Y CANELA.

Para completar el menú: GRATÍN DE CHAUCHAS *(pág. 207).*

Si usted tiene **4 manzanas**
mermelada ácida
crema de leche

*M*anzanas rellenas express

PORCIONES
4

PREPARACIÓN
12 minutos

COCCIÓN
5 minutos

INGREDIENTES

Manzanas Rome, *4*

Mermelada ácida,
4 cucharadas

Amaretti molidos,
2 cucharadas

Limón, *1*

Azúcar, *4 cucharadas*

Vino dulce, *1 vaso*

Crema de leche, *100 g*

Ahuecar las manzanas, realizarles una incisión alrededor cortando solamente la piel. Mezclar 2 cucharadas de mermelada con los *amaretti*, rellenar las manzanas. Acomodarlas bien juntas en una fuente para horno, rociarlas con el jugo de limón y el vino, espolvorearlas con azúcar y cocinarlas en horno moderado durante 30 minutos. Mezclar la crema con el resto de mermelada, napar los platos con la crema y apoyar en ellos las manzanas. Decorar, si se desea, con algunas frutillas.

Nota: *LOS PLATOS SE PUEDEN NAPAR CON CREMA FRÍA CON MERMELADA DE UN LADO Y EN EL OTRO NAPAR CON CHARLOTTE (DE LATA) CALIENTE.*

Para completar el menú: MOSTACHOLES A LA PRÍNCIPE DE NÁPOLES *(pág. 178).*

*M*asitas con crema de chocolate

 PORCIONES
24 a 30

 PREPARACIÓN
18 minutos

 COCCIÓN
30 minutos

INGREDIENTES

Bizcochuelo de vainilla,
1 caja
Almíbar, 1 pocillo
Postre de chocolate,
1 paquete
Coñac, 2 cucharadas
Queso blanco, 100 g

Preparar el bizcochuelo siguiendo las indicaciones del envase, cocinarlo en una asadera de 22 a 24 cm de lado. Preparar el postre como indica el envase, mezclarlo con el coñac y el queso blanco.

Abrir el bizcochuelo por la mitad, humedecerlo con el almíbar y colocar encima la crema, cubrir con la otra parte del bizcochuelo y llevar a heladera. Cuando esté bien frío, cortarlo en cubos, acomodar las masitas en pirotines y decorar con un copete de crema chantillí, 1 cereza, media nuez, o 1 frutilla.

Nota: SE PUEDE VARIAR EL SABOR DEL RELLENO UTILIZANDO POSTRE DE VAINILLA Y SABORIZARLO CON CHOCOLATE FILETEADO, NUECES MOLIDAS O TROCITOS DE FRUTAS.

Para la hora del té, o para completar el menú de: PAN ESPECIAL DE CARNE (pág. 130).

Si usted tiene **1 paquete de galletas de arroz chocolate cobertura**

*M*asitas de arroz y chocolate

 PORCIONES
18

 PREPARACIÓN
10 minutos

 COCCIÓN
no hay

INGREDIENTES

Galletas de arroz,
1 paquete
Chocolate cobertura de
leche, *1 sobre*
Chocolate cobertura
blanco, *1 sobre*

Cortar las galletas en triángulos. Colocar el sobre de chocolate marrón y el blanco en un recipiente con agua. Cuando el chocolate esté fundido cortar un ángulo con la tijera y salsear los triángulos con chocolate marrón y blanco, dejar secar.

Variante: *ESTAS MASITAS SE PUEDEN HACER MEZCLANDO COPOS DE ARROZ CON EL CHOCOLATE COBERTURA DERRETIDO. DISTRIBUIR POR CUCHARADAS SOBRE GALLETITAS. DEJAR SECAR Y UTILIZAR.*

Para la hora del té, o para completar el menú de: *BIFES A LA CRIOLLA (pág. 107).*

Masitas de frutas

 UNIDADES
24

 PREPARACIÓN
12 minutos

 COCCIÓN
no hay

INGREDIENTES

Tarteletas dulces, 24

Mermelada ácida,
3 cucharadas

Crema de leche, 200 g

Azúcar, 2 cucharadas

Esencia de vainilla,
1 cucharadita

Varios: kiwis, cerezas,
frutillas, nueces.

Colocar en la base de cada tarteleta mermelada ácida. Batir la crema con el azúcar y la esencia hasta que al levantar el batidor forme pico. Colocar un copete sobre cada tarteleta, decorar 6 con una cereza, 6 con rodajitas de kiwi, 6 con media nuez y 6 con una frutilla. Mantener en heladera.

Nota: LAS TARTELETAS SE PUEDEN RELLENAR CON CREMA PASTELERA, POSTRE DE VAINILLA O DE CHOCOLATE, SIGUIENDO LAS INDICACIONES DEL ENVASE.

Para completar el menú: PAVO CON MOUSSE DE ESPÁRRAGOS *(pág. 149).*

Si usted tiene **1 caja de gelatina de frutas**

M̃oldeado cremoso de frutas

 PORCIONES
6 a 8

 PREPARACIÓN
10 minutos

 COCCIÓN
5 minutos

INGREDIENTES

Gelatina de frutas,
1 caja grande
Ricota, *500 g*
Crema de leche, *200 g*
Azúcar, *3 cucharadas*

Preparar la gelatina siguiendo las instrucciones del envase, pero con una taza menos de agua. Colocar una base de 1,5 cm de gelatina en el molde elegido, cuya base se habrá cubierto con papel metalizado, llevar a heladera hasta que solidifique. Aparte, mezclar el resto de gelatina con la ricota y la crema batida con el azúcar a punto casi chantillí. Colocar en el molde y llevar a la heladera. Cuando la preparación está firme, pasar un cuchillo por el borde y desmoldar, acompañar con una macedonia de frutas.

Nota: *SI UTILIZA GELATINA DE LIMÓN, PERFUME CON 1 CUCHARADA DE RALLADURA DE PIEL DE LIMÓN. SI UTILIZA GELATINA DE FRUTAS ROJAS, PUEDE ENRIQUECER EL POSTRE AGREGANDO FRUTILLAS FRESCAS.*

Para completar el menú: *PIZZA ARROLLADA (pág. 233).*

Si usted tiene **1 paquete de gelatina de limón ricota**

*M*ousse *de limón*

 PORCIONES
5

 PREPARACIÓN
12 minutos

 COCCIÓN
3 minutos

INGREDIENTES

Gelatina de limón,
1 paquete
Ricota, *400 g*
Claras, *3*
Azúcar, *4 cucharadas*
Esencia de vainilla y
ralladura de limón, *a gusto*

Preparar la gelatina siguiendo las indicaciones del envase, dejar entibiar, cuando comience a tomar punto de jarabe, verter sobre la ricota, mezclar bien. Batir las claras con el azúcar hasta obtener un merengue, incorporar a la preparación de gelatina y mezclar suavemente, perfumar con 1 cucharadita de esencia de vainilla y 1/2 cucharada de ralladura de piel de limón. Distribuir en 5 copas.

Variantes: CAMBIE EL SABOR DE LA MOUSSE UTILIZANDO OTRAS GELATINAS, PUEDE SER DE NARANJA, FRUTILLA, KIWI, ETC.

Para completar el menú: TIRABUZONES ALLA ROMAGNOLA *(pág. 184)*.

Si usted tiene **1 lata de leche condensada galletitas dulces**

$\mathcal{P}$*astel de queso*

 PORCIONES
6 a 8

 PREPARACIÓN
15 minutos

 COCCIÓN
50 minutos

INGREDIENTES

Leche condensada, 1 lata
Ricota, 400 g
Limón, 1
Yemas, 2
Galletitas dulces, 250 g
Manteca, 60 g

Mezclar la leche condensada con la ricota, el jugo y ralladura de limón y las yemas. Aparte, mezclar las galletitas molidas con la manteca, colocar en la base de un molde desarmable, ajustar bien y verter la preparación de leche condensada, cocinar en horno moderado durante 50 minutos.

Variante: *SI LO DESEA, PUEDE PREPARAR UN MERENGUE CON LAS 2 CLARAS RESTANTES Y 4 CUCHARADAS DE AZÚCAR, COLOCARLO SOBRE EL PASTEL, GRATINAR EN HORNO CALIENTE Y CONVERTIR ESTE POSTRE EN UN LEMON PIE.*

Para la hora del té, o para completar el menú de: *PAELLA SUPER EXPRESS (pág. 191).*

Si usted tiene **1 lata de peras en almíbar chocolate de taza**

🅿eras al chocolate

PORCIONES
4

PREPARACIÓN
12 minutos

COCCIÓN
5 minutos

INGREDIENTES

Peras en almíbar, *1 lata*
Mermelada de frambuesas
o frutillas, *3 cucharadas*
Galletitas de chocolate
molidas, 1 taza
Chocolate de taza,
5 barritas
Manteca, 25 g

Escurrir bien las peras y secarlas con papel. Mezclar la mermelada con las galletitas formando una pasta, rellenar el hueco de las peras y unirlas de a dos. Colocar las barritas de chocolate en un plato hondo, cubrir con agua bien caliente, cuando al pinchar el chocolate resulte tierno, verter con cuidado parte del agua, dejar 2 o 3 cucharadas. Agregar la manteca y mezclar, salsear las peras y espolvorearlas si se desea, con nueces picadas o almendras tostadas.

Variante: LAS PERAS SE PUEDEN RELLENAR CON DULCE DE LECHE PASTELERO MEZCLADO CON LAS GALLETITAS MOLIDAS.

Para completar el menú: TARTA DE POLLO *(pág. 164).*

Si usted tiene **1 lata de peras en almíbar
vino tinto
1 postre de vainilla**

℗eras al vino tinto con salsa inglesa

 PORCIONES
6

 PREPARACIÓN
10 minutos

 COCCIÓN
18 minutos

INGREDIENTES

Peras en almíbar, *1 lata*
Vino tinto, *500 cc*
Azúcar, *200 g*
Limón, *1*
Canela en rama, *1 trozo*
Postre de vainilla,
1/2 paquete
Leche, *700 cc*

Escurrir bien las peras, reservar el almíbar. Colocar el vino con el azúcar sobre el fuego con un trozo de cáscara de limón y la canela, hacer hervir hasta que tome punto de hilo fuerte o jarabe. Agregar las peras, dejar que retome el hervor y retirar del fuego, sacar la cáscara de limón y la canela. Aparte cocinar la mitad del postre de vainilla con 700 cc de leche, agregar para aligerarlo parte del almíbar reservado y 3 o 4 cucharadas de jugo de limón. Servir las peras frías y en una jarrita aparte la salsa, para que cada comensal se sirva a su gusto.

Nota: *LAS PERAS AL VINO SE PUEDEN ACOMPAÑAR CON CREMA DE LECHE LIGERAMENTE BATIDA.*

Para completar el menú: *PASTEL DE TORTILLAS (pág. 211).*

Si usted tiene **1 caja de gelatina de limón**
400 g de ricota

*P*orciones al limón

PORCIONES
6 a 8

PREPARACIÓN
15 minutos

COCCIÓN
no hay

INGREDIENTES

Gelatina de limón, *1 caja*

Ricota, *400 g*

Claras, *2*

Azúcar, *3 cucharadas*

Ralladura de limón,
1/2 cucharada

Bizcochos de chocolate
molidos, *2 tazas*

Manteca, *75 g*

Preparar la gelatina siguiendo las indicaciones del envase pero con 1/2 taza menos de agua, dejar tomar cuerpo, cuando tome punto de jarabe espeso, mezclar con la ricota. Batir las claras con el azúcar hasta obtener punto de merengue firme, incorporar a la ricota y perfumar con la ralladura. Mezclar los bizcochos con la manteca fundida, distribuir en compoteras o pirotines de merengues, llevar a heladera por lo menos 10 minutos, luego distribuir la preparación de ricota. Mantener en heladera y servir bien frío decorado con un copete de crema. Si se preparan en pirotines de papel se pueden desmoldar.

Nota: *PARA FACILITAR EL ARMADO, COLOCAR LA BASE DE GALLETITAS EN UN MOLDE RECTANGULAR, DEJAR ENFRIAR Y CUBRIR CON EL RELLENO. CUANDO ESTÉ BIEN SOLIDIFICADO, SERVIR CORTADO EN CUADRADOS.*

Para completar el menú: *PASTEL CRIOLLO DE MAÍZ (pág. 131).*

Si usted tiene **1 pionono**
batatas en almíbar
1 paquete de crema pastelera

*P*orciones de batata en almíbar

PORCIONES
12 a 18

PREPARACIÓN
15 minutos

COCCIÓN
no hay

INGREDIENTES

Pionono, *1*
Crema pastelera, *1 paquete*
Batatas en almíbar, *1 frasco*
Medias nueces, *50 g*

Cortar medallones de pionono del diámetro deseado, con ayuda de un cortapasta. Preparar la crema pastelera siguiendo las indicaciones del envase, distribuir sobre los medallones. Cortar las batatas en rodajas, colocarlas encima de la crema y terminar de decorar con medias nueces.

Variantes: ESTAS PORCIONES SE PUEDEN PREPARAR UTILIZANDO RODAJAS DE MAMÓN O ZAPALLO EN ALMÍBAR. OTRA FORMA DE DECORAR LAS MASAS ES BAÑARLAS CON CHOCOLATE COBERTURA.

Para completar el menú: PECHUGAS DE POLLO A LA PORTUGUESA (pág. 152).

Si usted tiene **1 frasco de castañas**

*P**ostre* Marrons

 PORCIONES
6 a 8

 PREPARACIÓN
15 minutos

 COCCIÓN
no hay

INGREDIENTES

Tapas de merengue, *10*
Castañas, *1 frasco (400 g)*
Crema de leche, *500 g*
Azúcar, *2 cucharadas*
Esencia de vainilla,
2 cucharaditas
Chocolate, *2 barritas*

Romper las tapas de merengue en una fuente formando un piso. Procesar las castañas. Batir la crema con el azúcar y la esencia a punto chantillí. Mezclar la mitad de la crema con las castañas, distribuir sobre la base de merengues, cubrir con el resto de crema y salsear en forma de hilos con el chocolate fundido. Mantener en heladera y servir bien frío.

Nota: *SE PUEDE UTILIZAR COMO BASE UN DISCO DE BIZCOCHUELO AHUECADO O UN PIONONO.*

Para la hora del té, o para completar el menú de: *LOMO EN* CROÛTE *(pág. 127).*

*P*ostres rápidos con helado

Banana split

Acomodar en un plato de postre o fuentecita individual 1 banana partida por la mitad a lo largo, rociada con jugo de limón. Colocar en el centro de la banana ensalada de frutas, sobre ellas una porción de helado de frutilla, otra de chocolate y otra de crema. Decorar con crema chantillí, salsa *charlotte* y espolvorear con nueces picadas.

Copa Melba

Colocar en compoteras una vainilla remojada en kirsch u otro licor. Cubrir con una porción de helado de vainilla, distribuir medio durazno en almíbar cortado en tiras. Decorar con crema chantillí, nueces picadas y salsear, si se desea, con salsa de frutilla.

Copas de limón al champaña

Colocar en cada copa alta una porción de helado de limón, agregar champaña frío y servir.

Copas Primavera

Colocar en el fondo de copas de champaña 1 taza de merengues triturados grandes, agregar 3 o 4 frutillas fileteadas, una porción de helado de frutilla. Decorar con un copete de crema chantillí y una frutilla.

Don Pedro

Colocar en copas de whisky una porción de helado de crema americana, agregar whisky y espolvorear con nueces.

Helado con charlotte

Colocar helado de crema americana en copas, salsear con *charlotte* envasado y decorar con cerezas al marraschino y obleas.

Si usted tiene **1 lata de puré de manzanas**
1 caja de postre de vainilla

*P*uré soufflé *de manzanas*

 PORCIONES
6

 PREPARACIÓN
12 minutos

COCCIÓN
5 minutos

INGREDIENTES

Puré de manzanas, *1 lata*
Claras, *3*
Azúcar, *3 cucharadas*
Ralladura de piel de limón,
1 cucharadita
Postre de vainilla, *1 caja*
Leche, *800 cc*
Canela, *1 cucharada*

Escurrir el puré de manzanas. Batir las claras hasta que estén espumosas, agregar el azúcar en forma de lluvia, seguir batiendo hasta obtener un merengue bien firme. Mezclar suavemente y en forma envolvente con el puré de manzanas, perfumar con la ralladura. Aparte, cocinar el postre con la leche siguiendo las indicaciones del envase, distribuirlo en 6 copas o compoteras, cubrir con el puré de manzanas y espolvorear con la canela. Servir bien frío.

Variantes: SE PUEDE CAMBIAR EL SABOR UTILIZANDO POSTRE AL CHOCOLATE O ENRIQUECERLO MEZCLANDO EL POSTRE DE VAINILLA CON FRUTAS SECAS PICADAS.

Para completar el menú: INVOLTINI COLORIDOS *(pág. 121).*

*R*avioles dulces

PORCIONES
16

PREPARACIÓN
10 minutos

COCCIÓN
12 minutos

INGREDIENTES

Tapas de pascualina
rectangular, *1 paquete*
Dulce de membrillo, *300 g*
Nueces picadas,
4 cucharadas
Huevo, *1*
Azúcar, *4 cucharadas*

Separar las tapas de masa. Pisar el dulce hasta obtener una crema, mezclar con las nueces. Extender la preparación sobre una de las tapas de masa, cubrir con la otra; espolvorear con harina, marcar con el marcador de ravioles y cortarlos con la tijera especial de ravioles. Acomodarlos sobre una placa enmantecada, pincelarlos con huevo batido, espolvorearlos con azúcar y cocinar en horno caliente 12 minutos.

Nota: *SI NO TIENE MARCADOR DE RAVIOLES MÁRQUELOS CON FUERZA CON AYUDA DE UNA REGLA, LUEGO LOS CORTA Y SEPARA CON LA RUEDA DE RAVIOLES.*

Para la hora del té, o para completar el menú de: FILETES MARPLATENSES *(pág. 86).*

Si usted tiene **1 bizcochuelo**
1 caja de postre de vainilla
10 o 12 bombitas con crema

Saint Honoret

 PORCIONES
8 a 10

 PREPARACIÓN
15 minutos

 COCCIÓN
6 minutos

INGREDIENTES

Bizcochuelo de 20 a 22 cm
de diámetro, *1*
Postre de vainilla, *1 caja*
Leche, *1 litro*
Almíbar, *1 pocillo*
Dulce de leche pastelero,
4 cucharadas
Bombitas con crema,
10 o 12
Maní fileteado o nueces,
100 g

Ahuecar el bizcochuelo dejando un reborde de alrededor de 2 cm. Preparar el postre de vainilla con la leche siguiendo las indicaciones del envase, mezclar con parte de las migas del bizcochuelo bien deshechas. Humedecer con el almíbar el bizcochuelo ahuecado rellenarlo con el postre, dejar enfriar. Untar la parte exterior con el dulce de leche, cubrir el reborde con el maní o nueces y adherir en la parte superior las bombitas. Mantener en heladera.

Variante: *SE PUEDE RELLENAR EL BIZCOCHUELO CON 200 G DE CREMA CHANTILLÍ MEZCLADA CON 1 TAZA DE FRUTILLAS Y 8 MERENGUES TRITURADOS.*

Para la hora del té, o para completar el menú de: *LENGUADO EN HOJALDRE (pág. 91).*

$\mathcal{S}$avarín de manzanas y arroz

PORCIONES

6 a 8

PREPARACIÓN

20 minutos

COCCIÓN

18 minutos

INGREDIENTES

Manzanas, 3

Azúcar, 125 g

Limón, 1

Arroz, 1 pocillo

Leche, 3/4 litro

Gelatina de manzanas,
1 caja grande

Canela, 1 cucharadita

Pelar las manzanas, cortarlas en cubos y cocinarlas en 2 tazas de agua y el jugo de limón, cuando estén tiernas, escurrirlas y reservar el agua de cocción. Cocinar el arroz en la leche con una cascarita de limón y el azúcar, hasta que el arroz esté tierno y haya absorbido casi toda la leche. Preparar la gelatina siguiendo las indicaciones del envase y utilizando el agua de cocción de las manzanas, agregar más agua si fuera necesario. Mezclar por último el arroz con la gelatina, las manzanas y perfumar con la canela. Colocar en un molde savarín, dejar que solidifique en heladera y desmoldar. Decorar con una bordura de crema chantillí.

Nota: *PUEDE REEMPLAZAR LAS 3 MANZANAS POR 1 LATA DE COMPOTA DE MANZANAS.*

Para completar el menú: TORTILLA CROCANTE (pág. 215).

Si usted tiene **1 lata de ensalada de frutas**
1 caja de gelatina de frutas

$\mathcal{S}$avarín mariscal

PORCIONES
6 a 8

PREPARACIÓN
18 minutos

COCCIÓN
2 minutos

INGREDIENTES

Ensalada de frutas, 1 lata
Gelatina de frutas,
1 paquete
Agua hirviendo, 250 cc
Crema de leche, 200 g
Licor cherry o similar,
1 copita

Escurrir las frutas. Diluir la gelatina en el agua hirviendo sobre fuego, revolviendo siempre, retirar del fuego y mezclar con el almíbar de las frutas. Batir la crema a punto casi chantillí. Cuando la gelatina comience a tomar punto jarabe, agregar las frutas escurridas, el licor y la crema batida. Mezclar y colocar en un molde savarín humedecido con agua, dejar que solidifique y desmoldar.

Nota: SE PUEDE DISTRIBUIR LA PREPARACIÓN EN COMPOTERAS INDIVIDUALES, DECORAR CON UN COPETE DE CREMA Y UN TROCITO DE FRUTA RESERVADA O MEDIA NUEZ.

Para completar el menú: BLANQUETA DE ROAST BEEF (pág. 108).

Si usted tiene **1 paquete de masa de strudel**
1 lata de puré de manzanas

*S*trudel *de manzana*

 UNIDADES
2 strudel

 PREPARACIÓN
12 minutos

 COCCIÓN
25 a 30 minutos

INGREDIENTES

Masa de *strudel, 1 paquete*
Manteca, *60 g*
Bizcochos molidos, *1 taza*
Puré de manzanas, *1 lata*
Canela y azúcar, *cantidad necesaria*
Ralladura de limón, *2 cucharadas*

Colocar una de las masas de *strudel* sobre un lienzo, pincelar con la manteca fundida, espolvorear con bizcochos y acomodar el puré bien escurrido sobre un lado de la masa, espolvorear con 1 cucharadita de canela, 2 cucharadas de azúcar y ralladura. Con ayuda del lienzo arrollar la masa, colocar sobre una placa, pincelar con manteca y espolvorear con azúcar. Realizar lo mismo con la otra masa. Cocinar en horno moderado 25 a 30 minutos.

Nota: *LOS* STRUDEL *SE PUEDEN PREPARAR UTILIZANDO 1 LATA DE MANZANAS EN RODAJAS Y ENRIQUECER CON PASAS RUBIAS O NUECES.*

Para completar el menú: *BLANQUETA DE* ROAST BEEF *(pág. 108).*

Si usted tiene **1 caja de mezcla para pasta frola**
1 lata de duraznos
1 caja de flan de vainilla

𝒯*arta de duraznos*

 PORCIONES
6 a 8

 PREPARACIÓN
20 minutos

 COCCIÓN
20 minutos

INGREDIENTES

Mezcla de pasta frola,
1 caja
Duraznos en almíbar,
1 lata
Flan de vainilla, *1 caja*
Leche, *600 cc*
Mermelada de duraznos,
3 cucharadas

Preparar la masa siguiendo las indicaciones del envase. Tapizar una tartera, pinchar la base y cocinar en horno moderado 20 minutos. Medir 400 cc del almíbar de los duraznos, mezclar con el flan y la leche, cocinar revolviendo hasta que rompa el hervor. Mezclar con 2 duraznos picados y colocar dentro de la tarta, decorar con rodajas de duraznos. Cocinar 2 minutos la mermalada con 3 cucharadas de azúcar y 3 cucharadas de agua. Pincelar los duraznos con la mermelada.

Nota: EN LA MISMA FORMA PODEMOS PREPARAR LA TARTA UTILIZANDO PERAS, DAMASCOS O ANANÁ EN ALMÍBAR.

Para la hora del té, o para completar el menú de: HAMBURGUESAS A LA AMERICANA (pág. 125).

$\mathcal{T}$orta express de manzana

 PORCIONES
8

 PREPARACIÓN
12 minutos

 COCCIÓN
40 a 45 minutos

INGREDIENTES

Tapas de pascualina,
1 paquete
Mermelada ácida,
3 cucharadas
Manzanas deliciosas, *1 kilo*
Postre de vainilla,
1 paquete
Canela, *1/2 cucharada*

Tapizar una tartera enmantecada con un disco de pascualina, untar su base con la mermelada. Acomodar una parte de las manzanas peladas y cortadas en rodajitas finas, espolvorear con parte del postre y la canela, repetir manzanas, postre y canela hasta finalizar los ingredientes. Cubrir con el otro disco de masa, pincelar con huevo y espolvorear con abundante azúcar. Cocinar en horno moderado 40 a 45 minutos, servir tibio o frío.

Nota: *EL POSTRE SE REHIDRATA CON EL JUGO DE LAS MANZANAS FORMANDO UNA CREMA.*

Para la hora del té, o para completar el menú de: *BLANQUETA DE* ROAST BEEF *(pág. 108).*

Si usted tiene **1 lata de ananá en almíbar**
1 caja de bizcochuelo

$\mathcal{T}$orta invertida

 PORCIONES
8

 PREPARACIÓN
12 minutos

COCCIÓN
35 minutos

INGREDIENTES

Ananá en almíbar, *1 lata*
Manteca, *40 g*
Azúcar rubia, *4 cucharadas*
Bizcochuelo del sabor
deseado, *1 caja*

Escurrir el ananá, secar las rodajas. Enmantecar en forma abundante un molde de bizcochuelo, espolvorear la base con el azúcar. Acomodar las rodajas de ananá, rellenando, si se desea, los huecos con cerezas. Preparar el bizcochuelo siguiendo las indicaciones del envase, colocar en el molde y cocinar en horno moderado durante 35 minutos. Dejar pasar el calor fuerte y desmoldar en caliente.

Nota: SE PUEDE CUBRIR LA BASE CON CARAMELO; EN ESE CASO ES CONVENIENTE COCINAR LA TORTA EN EL MOLDE CORRESPONDIENTE DENTRO DE UNA ASADERA CON UNA BASE DE 2 A 3 CM DE AGUA.

Para la hora del té, o para completar el menú de: HUMITA SOBRE MEDALLONES DE CALABAZA (pág. 208).

Índice

$\mathcal{J}$ndice por ingredientes